Johannes Hasselhorn 1924-2022

Theologe, Pädagoge und Evangelist

Hg. Fritz Hasselhorn

Johannes Hasselhorn 1924-2022

Theologe, Pädagoge und Evangelist

Hg. Fritz Hasselhorn, Sulingen

Bibliographische Information der Deutschen Nationalbibliothek:
Die Deutsche Nationalbibliothek verzeichnet diese Publikation in der Deutschen
Nationalbibliografie; detaillierte bibliografische Daten sind im Internet über
dnb.dnb.de abrufbar.

Verlag: BoD – Books on Demand GmbH, In de Tarpen 42, 222848 Norderstedt

Druck: Libri Plureos GmbH, Friedensallee 273, 22763 Hamburg

ISBN 978-3-7597-2979-8

Inhaltsverzeichnis

1 Johannes Hasselhorn, 1924-2022

1.1 Johannes Hasselhorn, Lebenslauf, 2010

Anlässlich der Beerdigung unserer Mutter übergab mein Vater mir, Fritz Hasselhorn, seinen Lebenslauf mit der Bitte, ihn auf seiner Beerdigung vorzulesen. Meine Ergänzungen sind kursiv gedruckt.

Zum Begräbnis

Von Johannes Hasselhorn

Geboren am 11. August 1924 in Westerstede in Oldenburg. Mein Vater war damals arbeitslos, meine Mutter Handwerkerstochter aus Heilbronn.

Mit 12 Jahren Umzug nach Heilbronn

Mit 14 Jahren dort konfirmiert mit dem Gedenkspruch Matthäus 10, 32f.: „Wer mich bekennt vor den Menschen, den will ich auch bekennen vor meinem himmlischen Vater. Wer mich aber verleugnet vor den Menschen, den will ich auch verleugnen vor meinem himmlischen Vater."

Dieses Wort Jesu war oft richtungsweisend in meinem Leben.

Mit 18 Jahren wurde ich Matrose.

Mit 21 Jahren begann ich nach zwei Schiffsuntergängen und mit unausgeheilten Kriegsverwundungen das Studium der Theologie in Tübingen. In Göttingen lernte ich den Lehrer kennen, dessen theologisches Denken mich ein Leben lang befruchtet hat, in Professor Hans Joachim Iwand.

Mit 27 Jahren wurde ich Pfarrer in Buttenhausen auf der Schwäbischen Alb.

Mit 28 Jahren bekam ich das größte Geschenk des Lebens und heiratete die Dorfhelferin Lisa Pfitzer aus Kohlstetten. Uns wurden sechs Kinder geschenkt, die mit ihren Ehepartnern und Kindern die Freude und der Reichtum unseres Lebens waren.

Ich darf hier ergänzen: Besonders bereichert haben ihn seine Enkel und Urenkel, von denen viele heute anwesend sein können. Bis in seine letzten Tage freute er sich an ihren Bildern, Besuchen und Briefen und ließ sich in die Missionshandlung fahren, um Geschenke für sie auszusuchen.

Mit 34 Jahren wurde ich Studienleiter an der Evangelischen Landjugendakademie in Altenkirchen im Westerwald,

mit 36 Jahren Leiter der Heimvolkshochschule in Hermannsburg,

mit 47 Jahren Oberlandeskirchenrat in Hannover

mit 55 übernahm ich nebenamtlich den Geschäftsführenden Vorsitz der deutschlandweiten Aktion „Missionarisches Jahr 1980",

Mit 58 Jahren die Leitung der Missionarischen Dienste der Württembergischen Landeskirche.

Als ich mit 65 Jahren pensioniert wurde, zogen wir gerne wieder nach Hermannsburg.

Im Rahmen seiner Kräfte blieb er auch nach der Pensionierung tätig. Zum 50jährigen Kurstreffen bat ihn sein erster Kurs an der Heimvolkshochschule um einen Blick auf „Glaubenshilfe gestern und heute – was geben wir weiter?"[1] In seinem Referat nannte er drei wichtige Themen:

1. *die Erkenntnis von der bleibenden Erwählung des jüdischen Volkes,*

2. *den Einsatz der Christen für den demokratischen Rechtsstaat und den Widerstand gegen den Missbrauch von Macht,*

3. *die Erkenntnis von der biblischen Begründung der Frauenordination.*

Er war überzeugt, dass die Kirche der Gesellschaft ein klares Wort schuldet. Zur Landwirtschaftsdenkschrift der EKD gab er den Anlass und hat sie zu großen Teilen selbst verfasst. Als Mitglied der Kammer der EKD für soziale

---

[1] Ein längerer Auszug aus diesem Vortrag ist im Abschnitt „Ruhestand" abgedruckt.

Ordnung hat er auch an weiteren Denkschriften mitgearbeitet, bis der Dienst hier in der Heimvolkshochschule ihm nicht mehr die Zeit für diese Tätigkeit ließ.

Er blieb zeitlebens ein Lesender und ein Lernender. Sein Lebenslauf schließt mit den Sätzen:

Es war ein reiches Leben, erfüllt mit vielen Bewahrungen und Wundern. Mein Herz ist voll Dank gegen Gott, in Seine Hände lege ich es zurück.

1.2 Johannes Hasselhorn, 92. Geburtstag, 11.08.2016

Vor einiger Zeit schickte mir mein Vetter mütterlicherseits eine Kopie der Tageszeitung der Stadt Heilbronn vom Juli 1925. Dort wurde gemeldet, dass die älteste Bewohnerin der Heilbronner Südstadt, ja, wohl ganz Heilbronns, gestorben sei. Im Alter von 92 Jahren sei **unsere Urgroßmutter Marie Hartmann**, geb. Kottler im Hause ihres jüngsten Sohnes verstorben. Diese, aus einem Dorf in der Nähe von Tübingen stammende Frau, hatte in jungen Jahren den 7 Jahre älteren Schmiedemeister Ernst Hartmann in Heilbronn geheiratet. Der Betrieb scheint um 1870 bereits 12 Gesellen beschäftigt zu haben. Ihr Mann ist 46 Jahre alt, als ihn ein tödlicher Unfall aus dem Leben reißt. Sie heiratet keinen Gesellen, wie es damals noch Handwerksbrauch war, und versucht, den Betrieb zu halten, aber sie verlor alles – wahrscheinlich durch Betrug. Die sechs älteren Kinder reisten nach Amerika aus. Heute haben sich ihre Spuren für uns verloren. Der jüngste Sohn, mein Großvater, bleibt bei der Mutter und kann nur noch Schuhmacher werden, was damals als sozialer Abstieg galt.

Sie lebte Jahrzehnte in der Fischergasse, eine uralte Innenstadtstraße, die wachsende Sozialprobleme hatte. In Heilbronn nannte man sie die Prozeß-Marie. Sie, die gradlinig rechtlich dachte, fand wohl viele Gründe, die Polizei zu holen. Mein Großvater hatte auf ärztliches Anraten den Beruf als Schuhmacher aufgeben müssen und sich außerhalb der Stadt, mitten in Weinbergen, angesiedelt. Da stand die alte Mutter, mit einem kleinen Bündel eines Tages kurz nach dem 1. Weltkrieg vor dem Haus, setzte sich auf eine Bank und erklärte ihrem Sohn, dass sie hier nicht mehr weg gehe. Bei vier erwachsenen Enkeltöchtern, von denen noch zwei im Haus waren, wurde sie auch wohl gut versorgt: sie wurde ‚getröstet‘ und konnte ‚genesen‘. Sie durfte es erleben, sonst hätte sie die 92 wohl nicht erreicht.

Auch meine Mutter starb mit 92 Jahren in Heilbronn. Aber das kam nicht mehr als Sondermeldung in der Zeitung. Mit 14 Jahren kam sie nach Stuttgart zu einer ‚Frau Finanzrätin‘, den Namen hat sie uns großen Kindern nie gesagt. Jeden Pfennig, den sie verdiente, musste sie dem Vater geben. Mit etwa 20 Jahren wechselte sie zu Verwandten in die Schweiz, die ein Hotel aufgemacht hatten und jemanden für die Küche brauchten. Die letzte Mahnung des Vaters: „Keinen Mann angucken, bevor Du 25 bist". Wie musste sie ihr Herz oft festhalten, hat sie uns später erzählt. Mit Ausbruch des 1. Weltkrieges ging es zurück nach Deutschland. Zum 25. Geburtstag 1915 kam der ‚Traummann‘: Er war Finanzbeamter und im Krieg Zahlmeister. Es waren die glücklichsten Jahre ihres Lebens. Sie sah sich schon als ‚Frau Finanzrätin‘ an der Seite dieses Mannes.

Zwei Jahre später ist alles vorbereitet zur Hochzeit und für den Ehestand. Der Wohnzimmerschrank ziert heute noch das Wohnzimmer eines meiner Söhne: 100 Jahre alt. Sie eilt zum Bahnhof, um den Bräutigam abzuholen, in der Zwischenzeit bringt der Postbote ein Telegramm nach Hause mit der Nachricht seines Soldatentodes. „HERR Gott Zebaoth tröste uns".

Der Krieg ist vorüber, **mein Vater Friedrich Hasselhorn** hat als Soldat weiter zu dienen. Auch er hatte sich im Krieg verlobt mit einem Mädchen aus dem Elsass. Mit Kriegsende zwingt der Vater dieses Mädchens sie die Verlobung aufzulösen. Als sie dem Vater endlich gehorcht, wird sie umgehend Diakonissin. Zwei, die auch nur noch schreien können: „HERR Gott Zebaoth, tröste uns wieder."

Nicht nur meine Mutter, die zwar nicht „Frau Finanzrätin" wurde, sondern mit meinem Vater einen Freund ihres Verlobten ehelichte.

Auch das Mädchen aus dem Elsass erfuhr

spät das Leuchten des Antlitzes Gottes. Mein älterer Bruder lag als verwundeter Soldat in Strassbourg im Lazarett. Mein Vater nahm mit der ehemaligen Verlobten Kontakt auf. Sie war inzwischen Oberin im Diakonissenhaus in Strassbourg und kümmerte sich um meinen Bruder, als ob es ihr eigener Sohn wäre. Zwischen den beiden gab es auch weiterhin einen herzlichen Briefwechsel bis zu seinem Soldatentod Anfang 1945. So erfuhr auch die Oberin ein spätes Leuchten des Antlitzes Gottes. Es muss für sie eine Heilung der Seele gewesen sein.

„HERR Gott Zebaoth, tröste uns wieder; lass leuchten dein Antlitz, so genesen wir".

Das gehört zu den Lebenserfahrungen, die wir machen dürfen und mit denen Menschen selbst 92 Jahre alt werden können.

1.3 Johannes Hasselhorn, Ein Arbeitstag meines Vaters

Schöntal, 5.10.1938, 4. Deutschaufsatz im Schuljahr 1939/1940

Norddeutsche Landschaft. Ein Kanal, eine holprige Straße. Rechts und links der Landstraße stehen Eichenbäume. Auf den Wiesen weiden schwarz-weiße Kühe. Ein kühler Wind streicht über das Land. Hin und wieder sieht man ein Bauerngehöft, das von stämmigen Bäumen eingerahmt ist.

Auf der Landstraße rattert ein Motorrad daher. Der Fahrer ist ganz in Leder gehüllt. Das Rad wirbelt große Staubwolken auf.

Endlich hält das Motorrad vor einem der großen Höfe, die abseits vom Wege liegen. Ein Hund springt kläffend dem Fahrer entgegen, ist aber sofort ruhig, da er eine bekannte Stimme vernimmt. Der Mann tritt durch die große Dielentür ins Haus ein. Im Haus gibt es ein frohes Begrüßen. Der Fahrer muss erzählen, wo er heute schon war. Er hat in Weymoor schon eine Stunde gehalten, und hat in Oldersum einen Besuch gemacht. Er freut sich, dass er so glücklich angekommen ist, und sein Tagesziel erreicht hat. Endlich steht eine dampfende Schüssel vor ihm. Herzhaft greift er zu, und die Bäuerin freut sich, dass ihm ihr Buttermilch-

brei so gut schmeckt.

Nach und nach füllt sich die große Küche mit Männern und Frauen. Stühle und Bänke werden herangebracht. Die Leute setzen sich. Es sind alles Bauern, hohes, hartes Friesengewächs. Merkwürdig ist, wie ihre Gesichter leuchten. Sie geben dem Mann alle die Hand und er hat für jeden ein Wort. Die Leute fangen an, ein Lied zu singen, Strophe um Strophe. Der Mann im einfachen Anzug betet mit ihnen. Er steht auf. Er spricht zu ihnen. Die Leute hören gespannt zu. Er spricht über eine Bibelstelle. Er steht und redet fast eine Stunde lang. Dann singen die Leute wieder, der Redner spricht ein Gebet und dann gehen die Zuhörer, still, wie sie gekommen sind, wieder auseinander. Nachdem alle Leute fort sind, rückt die Familie wieder zusammen. Der Hausherr bespricht noch mancherlei mit dem Mann. Die Hausherrin schenkt Tee ein, und das Hausgesinde hört still zu. Spät in der Nacht geht man dann ins Bett. Auch der Mann legt sich müde auf sein Lager, um für einige Stunden zu ruhen.

Dieser Mann ist mein Vater, und das Land seine und meine Heimat.

1.4 Johannes Hasselhorn, Aus meinem Leben

Schöntal, 24.4.1939, 1. Deutschaufsatz im Schuljahr 1939/1940

Der 12. und letzte Geburtstag in meiner norddeutschen Heimat war gefeiert.

Unsere Familie sollte nach Süddeutschland übersiedeln. Alle waren voll großer Erwartungen.

Wohl standen mir Freunde, ja sogar Blutsfreunde, zu Seite; aber ich sah nur das Neue, das Schöne und das Begeisternde vor mir.

Die Freunde mussten versichert werden, dass ich ihnen oft, sehr oft schreibe und dass ich sie im Sommer besuchen wolle.

Der Abschiedstag kam. Er kam sehr ungelegen. Wir hatten vorher gefeiert und jetzt galt es, für Jahre Abschied zu nehmen. Es war mir etwas merkwürdig und bang, aber ich zeigte es nach außen hin nicht.

Die letzten Abschiedsworte waren verhallt,

und der Zug auf großer Fahrt. Ich war im Abteil der lustigste, denn es erwartete mich etwas Großes, Unbekanntes und Schönes. Ich wollte Berge sehen, wollte mich mit Kameraden tummeln und wollte fröhlich sein.

Ich wusste nicht, dass ein großes „Aber" vor mir stand.

Bis zum Schulanfang klappte alles. Der erste Schultag rückte an.

Ich war übermütig wie selten. Schon um fünf Uhr war ich aufgestanden. Was mein Vater mir sagte, weiß ich nicht mehr, alles das war mir im Augenblick Nebensache, ich sah bloß die pfundige Kameradschaft.

In der ersten Stunde wollte ich mit den Jungen reden. Ich brachte es fertig, aber, jetzt kam das erste Aber, ich wurde ausgelacht, weil, ja weil ich nicht schwäbeln konnte.

Ich merkte bald, dass sich ein Fremdkörper in der Klasse war. Ich versuchte auf alle Weise den Schulkameraden nah zu kommen. Es gelang nicht. Ich war und blieb verstoßen.

Als ich merkte, dass alles aus war beschlich mich eines Tages das Heimweh. Ich schrieb Briefe, gewaltige Briefe, und wartete von Post zu Post auf Antwort. Sie kam, aber mir viel zu langsam. Ich wollte zurück, aber wie? Ich sehnte mich nach Kameradschaft, aber wo fand ich sie?

Die Stunden, Tage, Wochen und Monate schlichen vorbei, und in mir fraß das Heimweh.

Der Winter kam, matschig und nasskalt. Ich dachte immer, jetzt werden sie Schlittschuh laufen,jetzt Schneeballschlachten schlagen, werden Weihnachtsfeiern halten, und ich, ich bin nicht dabei, bin fort, und ein Fremdling, mich versteht ja niemand, kein Mensch.

Ich kam in die Jungschar. Ich fand Kameraden, aber ich fand keine Freunde. Irgendetwas war fremd, war lächerlich an mir, und das war die Sprache.

Im vergangenen Sommer besuchi ich meine Heimat wieder, und ich fand, dass sie mir treu geblieben war, ich fand, dass mir Freunde noch wie damals zusammenhielten. Ich sah meine Heimat, ich sah sie, und ich wusste, dass sie mir treu geblieben war. Ich weiß jetzt, dass man mich niemals von der Heimat trennen kann, und ich weiß, dass ich ihr gehöre, und sie gehört mir.

1.5 Johannes Hasselhorn, 45 Bilder aus 90 Jahren, Präsentation zum 90. Geburtstag, Teil 1

Alles Leben ist von Anfang bis Ende unendlich kostbar. Menschen sind aber auch ein fehlsames Stückwerk, unvollkommen und kritisierbar. Meine 90 Jahre waren nicht anders. Mit tiefer Dankbarkeit sehe ich aber auch, dass diese Jahre von Wundern begleitet waren. Einige sollen diese Bilder sichtbar machen.

Familie Hartmann 1917

Menschliches Leben beginnt unter dem Herzen einer Mutter. Meine Mutter ist die Jüngste im Kreise von vier Schwestern. Ihr jüngerer Bruder ist als Leutnant auf Fronturlaub. Der Vater ist Schuhmachermeister und Stadtarmenpfleger, die Mutter stammt aus der Schweiz.

Fritz Hasselhorn sen. 1915

Mein Vater, Ammerländer Bauernsohn. Als

Feldwebel ist er „Zwölfender"[2] und preußischer Ausbilder beim württembergischen Heer, Königin-Olga-Dragoner-Regiment in Stuttgart.

mich verantwortlich. Er war immer für mich da, ohne mich zu gängeln.

Spielen vor dem Haus in Westerstede

Spielen mit Nachbarskindern auf der Straße, in den Wiesen, im Klöterbusch war unser Leben. Es waren wunderschöne und behütete Kinderjahre.

Taufe Johannes Hasselhorn, 31.8.1924

Als Täufling gehalten von meiner Großmutter in Ammerländer Tracht. Neben mir mein älterer Bruder. Taufe bedeutet hineingezogen sein in den Prozess von Tod und Auferstehung Jesu. Meine Mutter pflegte nach der Taufe eines Kindes zu sagen: „Es sieht schon viel heller aus". Sie verstand diesen Prozess ganz handgreiflich.

Pfimpfenführer mit Karl Wilkens 1936

Bereits 1932 wurde das Land Oldenburg von den Nazis regiert. Wir Kinder wurden sofort Pimpfe und es begann das ständige Marschieren und Gröhlen von Liedern. Hier mit meinem lebenslänglichen Freund Karl Wilkens vor unserer Wohnung in Westerstede.

Fritz und Johannes ca. 1928

Immer wusste sich mein älterer Bruder für

---

[2] Soldat mit einer Dienstzeit von 12 Jahren

Familie Hasselhorn in Westerstede 1933

Deutlich erkennbar sind die beiden Großen und die zwei Kleinen. Zum 1. September 1936 zog die Familie in die Heimat meiner Mutter nach Heilbronn. Wenige Wochen später verunglückte mein Vater mit dem Motorrad und verlor das linke Bein. In der Schule wurde ich von Schülern und Lehrern gehänselt, bedrängt und verprügelt, weil mein Hochdeutsch sie ärgerte und ich nicht schwäbisch schwätzen konnte.

Ein Erlebnis hat in dieser Schulzeit sich mit tief eingeprägt. Das war der Brand der Heilbronner Synagoge am 10. November 1938. Weinend kam ich nach Hause und berichtete, was ich gesehen hatte. Da zitierte mein Vater das Gotteswort: „Wer euch" – gemeint sind die Juden – „antastet, der tastet meinen Augapfel an." Mein Vater fügte hinzu: „Heute brennen die Synagogen, als nächstes brennen die Kirchen."

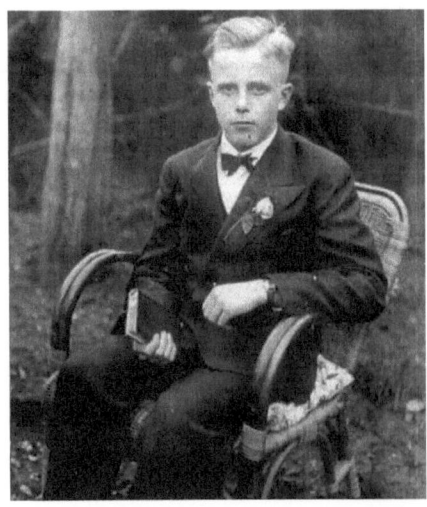

Konfirmation 27.3.1939

Die einzige Bezugsperson in dieser Zeit war unser Vikar und mein Konfirmator. Er war

Mitglieder der Bekennenden Kirche und der wildeste Motorradfahrer der Stadt. Eines Tages sagte er mir: „Du musst Pfarrer werden." Das schien mir unmöglich. Als Konfirmationsspruch erhielt ich das Wort Jesu: „Wer mich bekennt vor den Menschen, den will ich auch bekennen vor meinem himmlischem Vater." (Mt. 10, Vers 32). Ich bestand das Landexamen zur Aufnahme in ein kirchliches Seminar. Nach Ostern 1939 zogen 36 von den 100 Bewerbern ins Seminar Kloster Schöntal ein.

Familie Hasselhorn 1940

Der Vater, wenn auch schwer behindert, war wieder unter uns. Alle 14 Tage kam ich mit dem Fahrrad und Freunden von Schöntal nach Heilbronn.[3] Meine Mutter war als ausgezeichnete Köchin von meinen Klassenkameraden geschätzt.

Schöntal 1939-1941

Man stelle sich vor; 36 Schüler und fünf hauptamtliche Lehrer! Da wurde der Kopf ausgeputzt und Nachdenken geübt. Hier habe ich

---

[3] Entfernung ca. 50 km

geistig arbeiten gelernt in harten Training und viel Freizeit. Zum 1. Juli 1941 beschlagnahmten die Nazis alle kirchlichen Seminare. Man warf uns raus.

Matrose 1942/43

Johannes Hassselhorn 1942

Des geistlosen Exerzierens und Marschierens müde, bewarb ich mich um den Posten eines Gefolgschaftsführers der Marine-HJ. Mit Erfolg als Reichssieger eines Schülerwettbewerbs unter dem Titel: „Seefahrt tut not". Die weitere Mitgliedschaft in der evangelischen Jugendarbeit brachte mir einen Einberufungsbescheid zur Waffen-SS! Schlimmeres konnte mir nicht passieren. Meine Stellung in der Marine-HJ und als Reichssieger brachte mir eine zurückdatierte sofortige Einberufung zur Marine.

Im Bibelkreis hatten wir uns verabredet, dass bei der ersten Spindbesichtigung in der Kaserne die Bibel für die Vorgesetzten sichtbar sein müsse. Nichts Aufregendes passierte. Erst als ich den Antrag auf Besuch des Gottesdienstes am Sonntag stellte, wurde ich vor der Kompanie sprachgewaltig als „Volksverräter" beschimpft. Beim folgenden Strafexerzieren wusste ich nicht mehr ob ich Mensch war. Wenn ich bald darauf jeden Sonntag als Rekrut eine Gruppe von Soldaten zum Gottesdienst führen konnte, hatte ich das unserem Admiral zu verdanken.

Letzte Begegnung mit meinem Bruder Fritz
Frühjahr 1944

Mein Bruder war seit 2 Jahren an der Ostfront, zuletzt als Regimentsadjutant. Wie ich erst viel später erkannte hatte er Auschwitz gesehen und war bei dieser letzten Begegnung tief deprimiert. Immer wieder fiel der Ausdruck: „Schweinereien". Immer wieder der Hinweis: „Da kommt keiner von uns mehr raus". Als Abschluss legte er mir ans Herz: „Leutnant sein heißt nicht nur seinen Leuten vorleben, sondern auch vorzusterben." Mit der Mittelarmee ist er dann auch bei Auschwitz umgekommen.

Für mich begann die letzte Ausbildung zum Schiffsartillerieoffizier.

Kanonenboot „K1"

Von den ersten Septembertagen 1944 bis zum 4. Mai 1945 habe ich auf diesem Kriegsschiff Dienst getan, 78 m lang, 10,5 m breit und 183 Mann Besatzung. Auf dem letzten Ausbildungslehrgang stellte der Lehrgangsleiter fest, dass ich zu meinem Christenglaube stehe. Das

wollte er mir gründlich austreiben. Als sein Deutschglaube nichts fruchtete, rief er wütend: „Sie kommen dahin, wo es kein Zurück mehr gibt."

Etwa zehn Tage später stieg ich auf diesem Schiff in Bergen ein. Die erste Fahrt ging nach Kirkenes. Nordnorwegen galt in diesen Monaten als verlustreichstes Kampfgebiet der Marine. Zum Vorstellungsgespräch sagte mir der Kommandant: „Religiöse Propaganda ist Ihnen strengstens verboten." Drei Tage später kam der erste Flugzeugangriff. Zur Besatzung hatte ich bald ein gutes Verhältnis. Auch war ich 2. Artillerieoffizier, Sondereinsätze auf See und an Land wurden mir immer mehr übertragen. Bei einem bin ich im Porsangerfjord mit einem größeren Fischerboot untergegangen.

Die ganze Besatzung konnte gerettet werden.

Wachoffizier auf „K1" - 1945

Weihnachten 1944 wurden wir in den Süden Norwegens verlegt zur Sicherung von Transportschiffen in die Nordsee. Die Verluste an Schiffen war bereits so gravierend, dass wir in diesen Monaten an ca. 27 bis 28 Tagen und Nächten Einsatz fahren mussten. In einem Drittel dieser Zeit stand ich mit meinen 20 Jahren als 3. Wachoffizier auf der Brücke. Aber ohne mein gutes Verhältnis zur Besatzung hätte ich manche brenzlige Situation nicht überstanden.

Das letzte Gefecht am 4. Mai 1945 führte zum Untergang mit 63 Toten. Selber mehrfach verwundet wurde ich nach etwa 3 Stunden im Wasser schwimmend aufgefischt. Am 8. Mai wachte ich im Sterbesaal eines Feldlazarett im obersten Stockwerksbett auf. Mein zerschossenes Jackett und meine Bibel lagen neben mir. Mit der Bibel begleitete ich in den nächsten Tagen Sterbende.

Jugendfreizeit am Thuner See, 1951

Von meiner Studienzeit, meiner Ordination und Vikariaten gibt es kein Bild. Hier bin ich 1951 am Thuner See als Bibelarbeiter bei einer Freizeit.

Hans J. Iwand, 1899-1960

Am 18. August 1945 begann ich das Studium in Tübingen, noch lange von heftigen Kopfschmerzen begleitet. Die Professoren, die ich hörte, machten einfach an ihrem Stoff weiter, als sei nichts gewesen. Das Wort „Befreiung" habe ich nie gehört, dafür die Worte „Wir haben verloren!"

Im Winter 1947/48 zog ich nach Göttingen. Hier hörte ich Professor Iwand, einen führenden Theologen der Bekennenden Kirche in der Nazizeit. Er öffnete uns Augen und Ohren für das, was hinter und vor uns lag. Sein Thema hieß: „Die Gnade Gottes und unser Heute gehören zusammen." Er gab meinem Leben und Wirken die Richtung an.

Vor der Kapelle in Friedrichstal, September 1951

Mein letztes Vikariat war Freudenstadt mit der Stadtkapelle Friedrichstal. Hier bei der Einweihung der Kapelle mit Landesbischof Dr. Haug.

2 Lisa Pfitzer, 1925-2010

Hochzeit von Ludwig Pfitzer und Gottliebin geb. Glück

Anfang der 1920er Jahre trug die Braut auf dem Land noch das traditionelle schwarze Kleid zur Hochzeit.

2.1 Geschichten von Dorle und Margret über ihre Schwester Lisa

(zu deren 80. Geburtstag) Lisa war immer krank, war immer nur im Bett, und zwar im Bett ihres Vaters. Der ist dann ausgezogen.

Sie hat mich (Dorle) immer erziehen wollen. Dabei war sie sehr resolut. In der Regel hat sie mich gebadet, das war unten in der alten Waschküche, dort gab es eine alte Blechbadewanne, die nur mit mäßig warmen Wasser gefüllt werden konnte, dort hat Lisa mich denn reingesetzt. Einmal hat sie mir dabei die Ohren so ausgeputzt, dass es geblutet hat, da habe ich so laut nach der Mutter geschrieen, die aus dem Stall gerannt kam.

Lisa ist immer so schnell gewesen - besonders im Gegensatz zu ihrer Schwester Margret. Zum Beispiel beim Kartoffelhacken war sie mit ihren Reihen immer sehr schnell fertig. Doch dann musste sie sich abends gleich ins Bett legen und blieb am nächsten Tag auch noch drin.

Sie hat arg viel gestrickt. Auch für ihre Schwestern, z.B. für's Dorle ein Kleid gestrickt. Einmal hat sie bei einem Strickwettbewerb, bei dem sie einen Gamaschenanzug für ihr Patenkind Elisabeth Weichel eingereicht hatte, den dritten Preis gewonnen: eine Strumpfhose.

Mit Gerhard Glück (Vetter) ist sie gern in die Himbeeren gegangen. Margret durfte da nie mit, weil sie keine Himbeeren gefunden hat.

Lisa hat immer viel gelesen. Obwohl es in Bauernhäusern normalerweise keine Bücher gehabt hat, unser Vater hatte immer viele Bücher.

Gerhard Glück hat immer erzählt: sie hat ständig in der Schule gefehlt, weil sie krank war. Aber bei den Klassenarbeiten war sie trotzdem immer die Beste.

Schleckig war sie immer und hat kaum etwas gegessen. Darum hat sich die Mutter um sie gesorgt. Einmal ist sie so $\frac{1}{4}$ Stunde weit zu Fuß an den Ortsrand gegangen, um Beeren für Lisa zu suchen. Dann ist sie wieder zurück, hat sie mit Zucker zerdrückt, auf ein Brot getan und das der Lisa in die Schule gebracht.

Lisa (rechts) und Margret Pfitzer, 1937

2.2 Zeugnisse für Lisa Pfitzer

- Mädchenabteilung der Landwirtschaftsschule Reutlingen vom 3. Dezember 1945 bis 22. März 1946

- Haushaltungs- und Frauenarbeitsschule Reutlingen, Fachkurs Weißnähen, September bis Dezember 1947

- Haushaltungs- und Frauenarbeitsschule Reutlingen, Fachkurs Kleidernähen 1, 2. September bis 21. Dezember 1948

- Haushaltungs- und Frauenarbeitsschule Reutlingen, Fachkurs Kleidernähen 2, Januar bis April 1949

- Diakonissenhaus Schwäbisch Hall und Landeswebschule Haigerloch, 1. November 1950 bis 15. Juli 1951, Ausbildung zur Dorfhelferin

- Berufsprobejahr vom 1. August 1951 bis 31. März 1952 in der Kirchengemeinde Pfalzgrafenweiler, Kreis Freudenstadt

2.3 Landwirtschaftsschule Reutlingen, 23.10.1950

An das Land Württemberg-Hohenzollern, Landwirtschaftsministerium, Tübingen

<u>Betr.:</u> Beruf der „Dorfhelferin"

<u>Bezug:</u> Erlass La IV - 3/Pf. Nr. 1380 v. 11.10.1950

Für den Beruf der Dorfhelferin wird Lisa Pitzer, geb. 26.10.1925 in Kohlstetten, vorgeschlagen. Wie sie sagt, wurde sie auch von ihrer Pfarrfrau aufgefordert, sich für diese Ausbildung zu melden. Angeschlossen werden vorgelegt:

1. 1 Lebenslauf

2. 1 Gesundheitzeugnis

3. 1 Leumundszeugnis

4. 4 Zeugnisabschriften

5. 1 Beurteilung der Landwirtschaftsschule Reutlingen

<u>Beurteilung</u>

Lisa Pfitzer, geb. 26.10.1925 in Kohlstetten, war von November 1945 bis März 1946 in der Mädchenabteilung der Landwirtschaftsschule Reutlingen.

Sie ist ein stiller, feiner Mensch mit guter Auffassungsgabe und gutem Können, sehr aufgeschlossen auch für allgemein-menschliche Fragen. Sie hat im Umgang mit anderen Menschen eine angenehme ruhige Art. Sie erscheint daher für den Beruf der Dorfhelferin sehr geeignet.

<u>Lebenslauf</u>

Am 26. Oktober 1925 bin ich als erstes Kind des Landwirts und Schafhalters Ludwig Pfitzer und dessen Ehefrau Gottliebin geb. Glück in Kohlstetten geboren. Zusammen mit zwei Schwestern (drei und elf Jahre jünger) bin ich aufgewachsen. Vom Frühjahr 1932 bis Frühjahr 1940 besuchte ich die Volksschule in Kohlstetten und daran anschließend zwei Jahre die hauswirtschaftliche Berufsschule in Gomadingen. Während dieser Zeit, also von April 1940 bis April 1942 machte ich die ländliche Hausarbeitslehre im elterlichen Betrieb und beendete diese mit der Hausarbeitsprüfung am

20.4.1942 in Gomadingen. Durch die damaligen Verhältnisse bedingt, benötigte man mich auch weiterhin im elterlichen Betrieb und ich blieb zu Hause und half da mit. Im Winter 1945/46 besuchte ich die Mädchenabteilung der Landwirtschaftsschule Reutlingen, musste aber im Sommer wieder zurück ins Elternhaus. Von September bis Dezember 1947 machte ich einen Weißnähkurs in der Frauenarbeitsschule in Reutlingen mit und ergänzte diese Ausbildung durch den Besuch derselben Schule von September 1948 bis März 1949. Daraufhin kehrte ich wieder heim. Seit November 1947 bin ich hier in Kohlstetten als Kinderkirchenhelferin tätig. Den Sommer über helfe ich mit in Garten, Haus und Feld und im Winter beschäftige ich mich mit meinem Hauswebstuhl.

Kohlstetten, den 20. Oktober 1950, Lisa Pfitzer

2.4 Lisa Pfitzer, Tagebuch 1951

1.8.51 Ankunft in Pfalzgrafenweiler - Besuch im Pfarrhaus u. beim Bürgermeister. Aufsuchen des Zimmers

2.8.51 Feierliche Einführung in die neue Arbeit vor Vertretern der Gemeinde, des Ministeriums und der Frauenhilfe, zus. mit der neu aufgezogenen Gemeindeschwester. Ps. 138, V 3

3.8.51 Auf der Suche nach Arbeit fand ich welche bei der Fam. Schmid-Burggasse u. zwar kochte ich das Mittagessen für die in der Öhmdernte[1] beschäftigte Fam. u. pflückte Beeren u. dünstete diese ein.

4.8.51 Erster zugewiesener Einsatz bei Fam. W. Großmann, Pfalz. Die Frau muss draußen überall dabei sein, deshalb leidet der Haushalt not, niemand ist da, der die Beeren im Garten versorgt. Das ist eine Aufgabe der Dorfhelferin.

6.8. - 19.8. Der Einsatz bei Fam. Großmann erstreckt sich auf den ganzen Haushalt. Neben dem Alltäglichen wird in der Hauptsache Marmelade gekocht, Dampfentsaftet, gebügelt u. der große Flickkorb hervorgeholt.

Die 6 ha große Landwirtschaft wird von Herrn u. Frau Großmann allein betrieben.

[1]Heuernte

Hr. Großmann ist überdies noch Baumwart u. übernimmt noch Lohnaufträge mit seinem Traktor. Für das Hauswesen u. die zwei Kinder im Alter von 3 u. 4 Jahren bleibt nicht viel Zeit.

20.8.51 Herr Pf. hat mich gebeten den neu entstehenden Mädchenkreis in Dürrweiler mitzubetreuen. Heute hielt ich meinen 1. Kreis u. stellte mich als Dorfhelferin vor,

23.8.51 Ein neuer Einsatz bei Fam. Schaible, Küfer. Die Frau, durch Schlaganfall halbseitig gelähmt, kehrte heute durch Massieren wieder etwas beweglich geworden aus dem Krankenhaus zurück. Meine Aufgabe: Haushalt und Pflege.

23.8. - 9.9.51 Der Einsatz bei Fam. Schaible erfordert die ganze Kraft, aber es ist befriedigend, wenn man so ganz im fremden Hauswesen stehen darf u. die ganze Verantwortung übernehmen darf. Der Haushalt hat durch die lange Krankheit von Fr. Schaible viele Reste. Da gibts Arbeit für mich in Hülle u. Fülle u. die Gefahr ist groß, dass ich mich von der Arbeit gefangen nehmen lasse u. in ihr aufgehe. Und doch ist der Dienst am Menschen genau so wichtig wie die praktische Hilfe.

Fr. Sch., die vorher hart in's Joch der Arbeit gespannt war, hat sich immer noch nicht abgefunden mit dem Untätigsein u. dem zu nichts mehr nütze. Es gehört viel Liebe u. rechtes Treusein im Kleinsten dazu, um ihr ein wenig nahe zu kommen. Fein ist, dass man auch Mann u. Sohn zu dieser tragenden Liebe auffordern darf.

10.9. - 19.9.51 Der Gemeinschaftsraum ist nun zum Teil beziehbar, im übrigen Teil ist noch Wohnung. Ich bin beschäftigt mit Kette schären, aufräumen, Webstuhl einrichten u. Weben von den Vorhängen für mein Zimmerle. Danebenher Hilfeleistung bei Fam. Volk, Hauptstraße. Die Frau musste wegen Herzsachen ins Krankenhaus. Das 14jährige Töchterlein versorgt zus. mit dem Vater (der im Steinbruch arbeitet) den armen, bescheidenen Haushalt. Ich springe hauptsächlich zum Backen, Waschen und Wäsche versorgen ein.

20.9.51 Neuer Einsatz bei Fam. Lehrer, Bellingstr. Frau 67jährig, schwer krank. Ich soll Haushalt u. Pflege übernehmen, damit die Tochter ihrer Landwirtschaft nachgehen kann.

Sie möchte diese aufgeben, aber Pächter für Ackerland und Wiesen sind in Pfalzgrafenweiler rar.

26.9. Frau Lehrer schwer krank. Heute bestellte ich d. Hr. Pfarrer u. ging zu der Tochter, die wegen Erbangelegenheiten noch nicht nach der Mutter geschaut hatte. - Und dann durften wir alle miteinander das heilige Abendmahl feiern.

Das Durchdringen zum Menschen in all seiner Schuld u. in all sein herbes u. schweres seines Schicksals scheint mir das Wichtigste unsres Dienstes. Man ist da selber so arm u. hilflos. Das erlebte ich wieder deutlich, als die Töchter baten: Beten Sie mit unsrer Mutter.

2.5 Landwirtschaftsministerium, 27.11.1951

Land Württemberg-Hohenzollern, Landwirtschaftsministerium, Tübingen, den 27.11.1951

an Fräulein Lisa Pfitzer - Dorfhelferin - in Pfalzgrafenweiler

<u>Betreff:</u> Bericht über die Tätigkeit als Dorfhelferin

Der Herr Minister bittet Sie um einen ersten Lagebericht und zwar - der Erleichterung wegen - anhand beigelegter Richtpunkte.

Der Bericht wird am besten in erzählender Form gehalten, damit er möglichst lebensnah und den Tatsachen entsprechend zur Abfassung kommt.

Es wird gebeten, den Bericht selber, d.h. ohne Zuhilfe- bzw. Einflussnahme von anderen Personen abzufassen. Eine vertrauliche Behandlung desselben wird zugesichert.

Die Einsendung soll möglichst rasch, spätestens bis 10. Dez. 51, erfolgen.

2.6 Lisa Pfitzer, I. Lagebericht von der Gemeinde Pfalzgrafenweiler, Dezember 1951

Nachdem ich am 1.8. in Pfalzgrafenweiler aufgezogen bin u. mich im Pfarrhaus u. beim Bürgermeister vorgestellt. hatte, fand am 2. August die feierliche Einführung zusammen mit der auch neu aufgezogenen Gemeindeschwester, vor Vertretern des Ministeriums u. der Frauenhilfe sowie dem Gemeinderat statt. Nach Vorwegnahme des geschäftlichen Teils wurden und warme und mutmachende Worte von Oberreg. Fischer, Frl. Uhrig u. Herrn Bürgermeister auf den Weg und in die Arbeit mitgegeben.

Ein Familieneinsatz war vorläufig noch nicht da, Herr Pfarrer Mickler, der gebeten wurde, die Regelung meiner Arbeit zu übernehmen, bemühte sich in manchem notleidenden Haushalt meine Hilfe anzubieten. Inzwischen versuchte ich selbst, Arbeit zu finden u. fand sie auch gleich am 3. Aug. in einem Betrieb, der von der Frau allein bewirtschaftet wird. Nach zwei durch Herrn Pfarrer vermittelten Einsätzen sind nun immer Anmeldungen u. Bedürfnisse hierfür da.

In der zum Kirchspiel gehörenden Gemeinde Dürrweiler (die in Notfällen auch zu meinem Betreuungsgebiet gehört) wurde in der Zeit meines Anfangs ein Mädchenkreis ins Leben gerufen, auch die Bitte, diesen mitzubetreuen, habe ich da mit der Jugendarbeit angefangen. Nach Beendigung der größten Feldarbeit habe ich die weibl. ländl. Jugend von hier in den Gemeinschaftsraum eingeladen. Dort kommen wir nun regelmäßig zusammen zum Weben, Spinnen und Nadelarbeit.

Meine täglichen Arbeiten (*konzentrieren*) sich größtenteils auf Haus u. Garten, hier aber komme ich an alle verkommenden Arbeiten heran. Das Einspringen in Stall u. Feld war bis jetzt nur in einigen Notfällen nötig. Oft ist in den Einsätzen eine Pflege dabei, in einigen Fällen war es die Mutter u. Bäurin, durch deren Kranksein in kurzer Zeit der ganze Haushalt krank wird. Hier gehört neben der Pflege, wozu auch Nachtwachen kommen, vor allem auch das Eingehen auf den inneren Menschen.

Die übergroße Arbeitslast, die auf unsern Bäuerinnen liegt, führt oft dazu, dass die Arbeit zum einzigen Lebensinhalt wird. Kommt dann der Zusammenbruch von außen u. innen, Hand in Hand. Da wird die Aufgabe der Dorfhelferin neben dem Praktischen immer im Menschlichen liegen.

Im Zusammenleben mit den Familien möchte ich immer eine Vertrauensbasis schaffen, dazu ist nötig, dass ich gewissenhaft das ganze Hauswesen versorge u. mich nicht an eine bestimmte Arbeitszeit halte.

Der Gesundheitszustand, vor allem der Frauen, ist nicht immer befriedigend, dies darf jedoch zu keinem Arbeitsausfall führen. Erst wenn es gar nicht mehr geht.

Hier ist noch viel religiöses Leben vorhanden, wie weit es sich allerdings um Tradition handelt, möchte ich nicht beurteilen.

Im großen Ganzen traten im Familieneinsatz noch keine großen Schwierigkeiten auf. Sind welche da, so versuche ich zuerst den Fehler bei mir zu entdecken u. irgendwie damit fertig zu werden.

Pfalzgrafenweiler ist gedrittelt in Handwerk, Gewerbe u. Landwirtschaft. Die Landwirtschaft besteht aus lauter Klein- und Kleinstbetrieben, die meistens von den Frauen bewirtschaftet werden, während die Männer ins Geschäft (Möbelindustrie) gehen. Dadurch sind wirtschaftlich stabile Verhältnisse vorhanden, auch durch den Kurbetrieb kommt immer Bargeld ins Dorf. Mein Einsatz erstreckt sich darum auch auf nicht-landwirtschaftliche Häuser.

Im Dorf kommt man mir mit viel Vertrauen entgegen u. ich fühle mich auch in den Einsatzfam. u. im Dorf selbst heimisch.

Die Arbeit an der Landjugend hier geschah bis jetzt nur vom Weben her. Dabei ist eine materialistische Einstellung zu bemerken u. Wünsche der Jugend gehen auf Handwebrahmen, Strickmaschine, Bügeleisen usw., Dinge, die eine produktive Arbeit ermöglichen. Die Arbeit mit dem Mädchenkreis Durrweiler, die aus Singen, Spielen, Lesen u. Bibelarbeit besteht, zeigt, dass ein Ansprechen des ganzen Menschen, in fachlicher u. geistiger Hinsicht nötig ist.

Landjugendgruppen gibt es hier nicht, die Jugend befindet sich in Vereinen aller Art.

Der Dorfgemeinschaftsraum konnte bis heute nur zum Teil bezogen werden, da im übrigen Teil immer noch Wohnung für Flüchtlinge ist (nur durch Sperrholzwand getrennt). Zur Arbeit mit mehreren Mädchen ist der jetzige Raum zu eng. An einem Abend in der Woche haben wir Gelegenheit, in der Gewerbeschule zu arbeiten, es ist aber ein zeitraubendes Hin u. Her. Von der Geselligkeit her gesehen genügt der Raum noch keineswegs den Anforderungen, er muss eben zuerst ganz frei werden u. dann evt. neu hergerichtet.

Mein Zimmer ist sehr klein, für die kurze Zeit, da ich mich darin aufhalte, genügt es vorläufig. Bei den Hausleuten fühle ich mich heimisch.

Die Zusammenarbeit mit Bürgermeister u. Pfarrer ist gut. Beide haben viel Verständnis für die Arbeit u. unterstützen mich soweit möglich. Mit dem Ortsobmann[2] habe ich seit meiner Vorstellung keinerlei Berührungspunkte mehr. Zu der Vertrauensfrau[3] kann ich jederzeit kommen.

Gehalt u. Vergütung für Verpflegungstage wird regelmäßig abgerechnet, zum Dienstgebrauch wäre noch für Porto, Telefon usw. die Abrechnung bei irgend einer Kasse nötig.

Dass unsere Ausbildung eine Schnellbleiche war, kommt immer wieder zum Vorschein. Das Arbeitsgebiet ist so vielseitig u. man kommt in die verschiedensten Lagen. Bei der vielen anfallenden Arbeit geht die Forderung nach bester, fachlicher Tüchtigkeit in Küche, Haus, Hof u. Garten. Dazu wäre von Zeit zu Zeit ein Erfahrungsaustausch untereinander, sowie ein Austausch mit tüchtigen Bäuerinnen, Wirtschaftsberatern u. Lehrerinnen nötig, in dem wir uns vor allem alle arbeitsvereinfachenden Methoden zu eigen machen könnten. Von der Seite der Jugendarbeit gesehen, ist noch ein Mangel in der Ausbildung, hier sollte noch ergänzt werden ein tieferes Hineinführen in alle Fragen, die den jungen Menschen angehen sowie durch Fühlungsnahme mit bestehenden Jugendorganisationen u. dergl. Unsere Arbeit kann u. darf

---

[2]des Bauernverbandes?
[3]des Landfrauenverbandes?

17

aber nie organisieren, wir müssen lediglich in der Lage sein im Gemeinschaftsraum Heimat u. geistigen Mittelpunkt zu schaffen.

Meine Wünsche für unsere Fortbildung wären:

- Kurzlehrgänge in Haigerloch mit Weiterausbildung in Weben u. Nähen

- zur weiteren Allgemeinbildung: Teilnahme an Kursen der Bauernhochschule und Ausrüstung für den Dienst am Menschen, der vom Diakonischen oft ins Seelsorgerliche führt.

- Weitere Wünsche, auch der Jugend, für die Ausgestaltung des Gemeinschaftsraumes: Strickmaschine, Bügeleisen, Handwebrahmen, Heimbügler.

- Ferner hätte ich gerne den Raum bei der Neu-Herrichtung getäfelt, neue Lampen u. dergl. angebracht.

Mit der Wirtschaftsberaterin habe ich bereits Fühlung genommen. Ihre Fachunterstützung durch Kurse in Kochen, Backen, Beerenschneiden, sowie durch Fachvorträge ist erwünscht u. gegeben.

Der Dorfhelferinnen-Beruf entspricht, vor allem was den Familieneinsatz anbetrifft, einem wirklichen Bedürfnis. Er stellt große Anforderungen an die Selbstlosigkeit des Ausübenden u. kann mit Idealismus allein nicht getan werden. Nur wenn man sich vom Herrn allen Dienstes in den Dienst nehmen lässt, kann er zum befriedigenden Lebensberuf werden.

In der Praxis scheint die Seite des Familieneinsatzes die Wichtigste zu werden. Hier ist eben wirkliches Bedürfnis u. große Not. Mir scheint jedoch die Jugendbetreuung gerade so notwendig, wenn auch oft die innere Gefährdung u. das aus dem Geleise sein der Landjugend nicht erkannt wird. Um den vorhandenen Aufgaben gerecht zu werden, wäre es hier angebracht, wenn zwei Dorfhelferinnen da wären.

2.7 Johannes Hasselhorn, Zum 80. Geburtstag von Elisabeth Hasselhorn, geb. Pfitzer, am 26.10.2005

„Die auf den HERRN harren, kriegen neue Kraft, dass sie auffahren mit Flügeln wie Adler" Jes. 40,31

Liebe Jubilarin, liebe Festversammlung!

Nun wirst Du 80 Jahre alt und wir haben immer noch keine Kinderbilder oder Bilder aus Deiner Jugendzeit. Wir sind auf Erzählungen angewiesen. Da sehe ich Dich in dem armen und kleinen Dörflein Kohlstetten an der Hand Deiner Großmutter und mit einem kleinen Körbchen um diese Jahreszeit auf den Kartoffelacker gehen, um Kartoffeln aufzulesen, die noch von Hand ausgegraben werden mussten. Ich sehe Dich mit ihr zusammen Hausbesuche machen, die Basler Halbbatzen-Kollekte für die Mission einsammeln oder mit ihr zum Altenkreis gehen. Du warst wohl öfter bettlägrig und dann bekamst Du von der Mutter warme Milch und Zucker darin. Heute ist es die Schokolade, die Dir mit Milch so gut schmeckt. In der Schule des Dorfes hatte der Lehrer Karle öfters einen dicken Kopf von Bier und Most und ließ die kleine Elisabeth das Zepter im Schulzimmer führen.

Von einschneidender Bedeutung wurde Dir der Tod der Deiner Großmutter in der Nacht vor der Konfirmationsfeier. Die Fragen, die Dir zugekommen wären, haben Deine Nachbarinnen übernommen.[4] Der Konfirmator, der die öfters Bettlägrige auch manchmal im Krankenzimmer unterrichtet hatte, gab Dir den Konfirmationsspruch aus Jesaia 40 auf den Lebensweg: „Die auf den HERRN hatten, kriegen neue Kraft, dass sie auffahren mit Flügeln wie Adler." Er muss sich etwas dabei gedacht haben, denn der Konfirmationsspruch war wie ein Geschenk, das man ins Leben mitbekommt. Wenige Monate nach der Konfirmation brach der

---

[4] Es war damals üblich, dass die Konfirmanden vor der Konfirmation auf den Kleinen Katechismus geprüft wurden. In der Regel wurde vorher geübt, wie der Ablauf war und wer welche Frage zu beantworten hatte.

Zweite Weltkrieg aus und der Pfarrer gehörte zu den ersten Toten dieses Krieges. Auch der Vater wurde eingezogen und der elterliche Hof brauchte Deine ganze Kraft. ...

Es war Ende April 1945. Die deutschen Truppen waren unter Mitnahme der letzten Pferde aus dem Dorf verschwunden. Der Amerikaner wurde erwartet. Der Schäfer musste die Herde verstecken. Die Schafe waren am Lammen. Als der Schäfer zurück kam, fragte ihr Vater, wo er sie untergestellt hätte und er wusste sofort, dass sie auf sumpfigem Gelände standen. Er schickte den Schäfer und seine Älteste, also unsere heutige Jubilarin hinaus. Und schon steckten auf dem Platz einzelne Lämmlein tief im Morast und wären elendiglich umgekommen, wenn sie nicht vorsichtig herausgezogen worden wären.[5]

In Reutlingen wurde 1946 die Landwirtschaftsschule wieder eröffnet. Dorthin ließ der Vater sie ziehen, konnte sie doch bei einem Onkel wohnen. Am Freitag Abend ging es dann wieder auf die Alb hinauf. Oft eine abenteuerliche Winterfahrt, weil die Zahnradbahn noch nicht wieder in Betrieb war. Nach Beendigung der Fachschule kam der Schulleiter persönlich auf den Hof, um den Vater zu bitten, der Tochter die Ausbildung zur Landwirtschaftslehrerin zu erlauben. Aber der Vater blieb hart - auf Grund eigener Erfahrung im Ersten Weltkrieg - „Das entfernt nur von der Landwirtschaft". Was er erlaubte, war ein Webstuhl. Als Schafhalter hatte er Zugang zur Wolle. Wir haben heute noch Decken von damals, die gut und warm sind. Das war das Leben der Jubilarin: Landwirtschaft, Schafe, Weben, Mädchenkreis im Pfarrhaus und Singen im Chor des Dorfes.

Deutschland war von 1945 bis 1949 in vier Zonen aufgeteilt. Kohlstetten war französisch besetzt, von Remagen bis Lörrach. Wer die Zone verlassen wollte, musste jedes Mal einen Passierschein beantragen. An Reisen war also nicht zu denken.

Es ergab sich, dass der damalige Landwirtschaftsminister in Tübingen[6], ein Herr Weiß, die Verbindung zur Basis nicht verloren hatte. Er stellte fest, dass der Krieg den Bäuerinnen ungeheure Lasten auferlegt hatte. Die Männer und Söhne waren oft im Krieg geblieben oder verwundet nach Hause gekommen. Da musste Abhilfe geschaffen werden. Zusammen mit Vertreterinnen der katholischen und evangelischen Frauenarbeit rief er den Beruf der Dorfhelferin ins Leben. Zu den Schülerinnen des ersten Kurses gehörte die Jubilarin. Hofarbeit war bekannt, die ländliche Hauswirtschaftsschule besucht, aber es fehlten noch Ausbildung in Pädagogik, Jugendarbeit - vor allem Mädchenarbeit - und Krankenpflege. Endlich durfte sie den elterlichen Hof verlassen, um in Gemeinschaft mit anderen jungen Frauen - katholisch und evangelisch - zusammen zu leben und zu lernen. Die Ausbildung führte sie z.B ins Diakonissenhaus nach Schwäbisch Hall und in die Landfrauenschule im Schloss Haigerloch, wo wenige Jahre zuvor in einem Stollen die erste Atombombe gezündet wurde.[7]

Die Ausbildung war zu Ostern 1951 beendet. Sie hatte den Einsatz in einem größeren Dorf auf der Schwäbischen Alb abgelehnt, weil ihr Vater Mitglied des Kreistages war. Nun wartete sie auf einen neuen Einsatzort. ...

Bald darauf wurde ich Vikar in Freudenstadt und sie Dorfhelferin in Pfalzgrafenweiler, ebenfalls im Kirchenbezirk Freudenstadt. Wir sahen uns auch einige Male, bis ich Pfarrer wurde in dem Albdorf Buttenhausen. Das hinderte mich, zwischen Weihnachten und Neujahr an einer Landjugendfreizeit teilzunehmen, zu der auch sie einige junge Frauen aus dem Schwarzwald mitbrachte.

Am 2. Januar 1952[8] klingelte das Telefon im Pfarrhaus in Buttenhausen. Es war der erste Anruf der Jahres. ... Am Telefon war die Dorfhelferin Lisa Pfitzer, die von der Freizeit kam und noch einige Anfragen hatte. So ka-

---

stand erst am 25. April 1952 durch den Zusammenschluss der Länder Baden mit der Hauptstadt Freiburg, Württemberg-Baden mit der Hauptstadt Stuttgart und Württemberg-Hohenzollern mit der Hauptstadt Tübingen.

[7] Hier irrt der Verfasser. Es wurde zwar Anfang März 1945 eine Kernreaktion beobachtet, es kam jedoch nicht zu einer Kettenreaktion.

[8] Laut Einsatzbuch Lisa Pfitzer ging die Freizeit bis zum 6.1.1952. Der Anruf war also am 5. Januar.

[5] Dieser Absatz steht im Original weiter hinten auf S. 5. Er wurde vorgezogen, um die chronologische Reihenfolge nicht zu durchbrechen. Auch einige weitere Absätze habe ich zeitlich geordnet.

[6] Das heutige Bundesland Baden-Württemberg ent-

men die jungen Frauen ins Pfarrhaus und eine Tante[9], die meinen Haushalt führte, brachte sie alle unter, denn es war eine lange Nacht. Am nächsten Morgen mussten sie auf dem offenen Milchwagen zur nächsten Bahnstation. Als sie ins Dorf hinunter gingen und ich ihnen nachschaute, kam der Nachbar Bauer Glück und sagte zu mir: „Da hätten wir ja bald eine Pfarrfrau, dem Pfitzer seine Lisa!" Konnte er Gedanken lesen?

Meine Eltern machten mir über die altpietistische Gemeinschaft Heiratsvorschläge, die ich energisch abwies. Aber Wochen später schrieb ich einen Brief nach Pfalzgrafenweiler mit der Anrede „Liebes Fräulein Pfitzer". Am 11. Mai wurde Verlobung gefeiert und am 29. September Hochzeit gehalten. ...

Ich erinnere mich noch als junger Vater, dass der kleine Fritz in seinem Hochstühlchen mit am Tische saß. Und immer schlug der junge Mann mit seinen Beinen. Das war ich mit meinem anerzogenen Ordnungsgefühl nicht gewohnt. Als band ich dem kleinen Mann die Füße fest. Endlich Ruhe. Ohne ein Wort zu sagen und ganz ruhig wurde er von der Mutter wieder los gemacht. Vielleicht nur eine kleine Begebenheit, aber mir wurde dabei klar, dass unsere Kinder in Freiheit erzogen würden.

Ich erinnere an Dietrichs Tauffeier, Weihnachten 1956. Die Taufe hielt der Nachbarspfarrer, der erst vor kurzem aus langer russischer Gefangenschaft zurück gekommen war. Er war ein bisschen zitterig und verschüttete ein wenig Wein. Mit vielen Worten entschuldigte er sich, bis Lisa ihr halbvolles Weinglas schweigend daneben ausgoss. Da war er sprachlos und die Familienfeier konnte weitergehen. Das war Freiheit. ...

Die Einzelne war ihr immer wichtig. Das war schon in Pfalzgrafenweiler so, wo dann lebenslängliche Freundschaften daraus wurden. In Buttenhausen war es z.B. die Bäuerin vom Haldenegg und andere. In Altenkirchen und hier in der Volkshochschule die Frauen im Hause. In Brelingen die Mütter, die ebenfalls kleine Kinder hatten wie unsere Anne-Monika. In Stuttgart waren es Frauen in Freizeiten oder

auch Hilde Claß. ...

2.8 Lisa Hasselhorn, Die Dorfhelferin im Familieneinsatz

Blätter der Wohlfahrtspflege, Stuttgart, August 1954, S. 316f.

In einem Rundbrief der Dorfhelferinnen ist zu lesen: „Ein wenig möchte ich euch noch erzählen von meinen Familieneinsätzen. Sie sind und werden die Hauptsache sein und bleiben in unserem Beruf. Dort können wir am besten die Menschen erreichen mit ihren Nöten und Sorgen. Ich war im Lauf dieses Sommers in fünf Wochenbettpflegen, teilweise musste ich mich mit zwei Familien teilen. Es ist halt einfach das Schönste, den Müttern zu helfen und sich mit ihnen und den Kindern zu freuen übers kleine Geschwisterle! Zur Zeit bin ich in einer Familie mit großer Landwirtschaft. Die Großmutter, die den Haushalt versah und den ganzen Sommer unermüdlich tätig war, ist nun schwer krank geworden. Wie froh ist man, wenn man da wenigstens ein bißle helfen darf."

Ja, es ist einfach eine feine Aufgabe und ein Stück erfülltes Leben, das die Dorfhelferin in ihrem Dienen und Helfen leben darf. Davon möchte ich ganz schlicht einiges erzählen. Das eigene, nett eingerichtete Zimmer ist der Ort, an dem sich die Dorfhelferin für ihren Tag und die Arbeit rüstet, ist der Ort, wo sie sich das hörende Ohr, sehende Augen, einen zur rechten Zeit redenden und schweigenden Mund, ein betendes Herz und die helfenden Hände täglich von Gott erbittet. Dann geht's getrost und frisch fröhlich zur Arbeit. Einmal war der Einsatz zur Entlastung der Bäuerin in der Erntezeit gedacht. Da ist nun ein großes, geräumiges Bauernhaus. Die Mutter ständig gefordert, oft überfordert, weil es einfach zu viel ist, ohne Arbeitskräfte, Mann und Frau allein, den acht Hektar großen Betrieb zu bewirtschaften. Zwei nette Mädelchen von drei und fünf Jahren freuen sich riesig, dass nun endlich jemand da ist, wenn sie vom Kindergarten heimkommen, ja sie meinen sogar, dass es nun auch mal möglich sei, überhaupt da-

---

[9]Tante Elisabeth Troch, die Schwester des gefallenen Verlobten von Martha Hartmann

zubleiben. Eine kurze Einführung seitens der Hausfrau und mit einer überraschenden Selbstverständlichkeit wird Küche und Keller, Kasten und Truhe überlassen: nun siehe du zu! So schön ist dieses Vertrauen und man kann gar nicht anders, als sich voll verantwortlich da hineinstellen, die beiden Kleinen vollends richten, Vesperbrote packen und ein Stück weit geleiten. Die Eltern sind längst weg, nun gilt's, sich zu tummeln, Milchkannen und Frühstücksgeschirr stehen da zum Aufwasch, Betten sind zu machen, Zimmer zu richten und was da sonst noch alles anfällt. Schon ist's wieder Zeit für die Küche, denn die Familie soll doch für die strengen Erntetage ein kräftiges Essen haben. Wie sehr genießt es die Mutter, dass sie sich einmal an den gedeckten Tisch setzen darf und nachher in Ruhe noch den Beerengarten zeigen kann, ehe sie wieder hinaus geht. Dort hängen zuckersüße, fast überreife Johannisbeeren und warten darauf, dass sie versorgt werden. Wie strahlt doch die so sehr müde Frau, als sie am Abend eine Reihe gefüllter Marmeladengläser dastehen sieht. Auch die letzte Scheu der Kinder beim „ins Bett bringen" wird durch eine Geschichte überwunden. Davon könne sie gar nicht genug hören. So geht's nun Tag für Tag. Da ist noch die große Wäsche zu bügeln, ein übervoller Flickkorb steht da und am strengsten Tag geht's auch mit hinaus aufs Feld.

Ein anderer Einsatz: eine Handwerker-Familie: Die Mutter kann und kann sich nach einer Krankheit nicht erholen und soll darum einmal ganz weg ins Mütter-Erholungsheim. Da ist nun dieser Haushalt zu übernehmen, vor allem aber die Pflege des halbjährigen Jungen, den eine schwere Bronchitis plagt, bis er zu guter Letzt so tapfer ist und alles geduldig über sich ergehen lässt. In dieser Zeit darf so ein Kleines einem recht ans Herz wachsen, lebt man doch ein Stück Werden und Wachsen mit. Der erste Zahn wird gebührend gefeiert und der Mama lauter Erfreuliches berichtet, bis diese dann um vieles frischer zurückkehrt und langsam ihren Pflichtenkreis übernimmt.

Das schönste aber sind doch immer noch die Wochenbettpflegen. Welch großes Geschenk ist es doch, wenn da einmal schon jemand in den letzten Tagen des Wartens Zeit hat für die Mutter (weil der kleine Ankömmling sich verzögert). Wie viel Kinder werden wohl von zwei Frauen singend erwartet, wie ich's als Dorfhelferin erlebte? Da kann man dann endlich auch einmal die Mutter ein bisle verwöhnen und ihnen helfen, dass das große Glück nicht gleich wieder durch allerlei Sorge ums Hauswesen geschmälert wird. Als ich einmal eine Mutter fragte: „Was würde Ihnen denn jetzt am besten schmecken?" kam die Antwort: „Das wissen Sie besser!" Ein Zeichen, dass sie sich gut versorgt wusste.

Was aber den Beruf der Dorfhelferin so überaus reich macht, ist dies, dass aus all dem Helfen in Haus und Hof ein Vertrauen erwächst und dass eine Tür von Mensch zu Mensch, von Herz zu Herz sich auftut. In manchem Gespräch kommt mannigfache Not zum Vorschein. Aber das echte Hören können bedeutet oft schon große Hilfe. Und wenn man dann miteinander etwas hin tragen darf zu dem, der allein Rat weiß in allen Nöten, dann geschah viel.

Möchten doch immer mehr Mädchen unserer Dörfer den Weg zu diesem Dienen finden, denn: Helfer zu sein, ist des Herrgotts Gebot.

Lisa Hasselhorn, geb. Pfitzer, Buttenhausen

Lisa Pfitzer mit der Dorfhelferinnen-Brosche

3 Pfarramt Buttenhausen

3.1 Johannes Hasselhorn, 45 Bilder aus 90 Jahren, Teil 2

Buttenhausen 1952

Zum 17. Dezember 1951 wurde ich Pfarrer von Buttenhausen-Apfelstetten. Bis zum 2. Januar war ich 17 Mal auf der Kanzel gestanden. Buttenhausen war lange Zeit zur Hälfte von Juden besiedelt. Ihre Synagoge stand auf der anderen Talseite des Dorfes, auf gleicher Höhe wie die evangelische Kirche. Eine jüdische Realschule war für Kinder aller Konfessionen offen. Meine Verantwortung war es so zu predigen, dass die Hörer aufrecht durch den Alltag gehen und dereinst getröstet sterben konnten. Zugleich war ich Bezirksjugendpfarrer und der erste Bezirksbauernpfarrer der württembergischen Landeskirche.

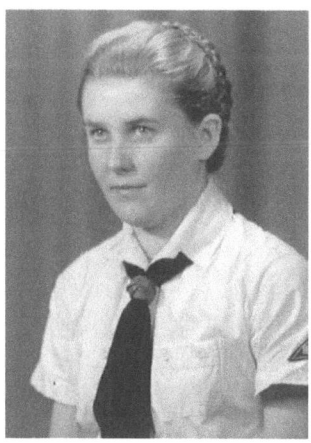

Lisa Pfitzer, etwa 1940

Wo treffe ich ein so hübsches, außerordentlich kluges und liebes Mädchen? Als Pfarrverweser in Kohlstetten auf der Schwäbischen Alb. Genauer: Am Nachmittag des Karfreitag 1951 als präzise und heilsame Kritikerin meiner Vormittagspredigt.

Frisch vermählt am 29.9.1952

Wir sehen uns freundlich aber fragend an: Wie wird es wohl gehen mit der Schäferstochter und dem Seemann? Als wir 50 Jahre später unsere Goldene Hochzeit planten, wollten wir ein Zeichen für diese Jahrzehnte setzen. So kam es zu der Friedenstaube. Ihr Kommentar: „50 Jahre Frieden gehalten". Nichts hätte mich mehr beglücken können.

Hochzeitsgäste in Kohlstetten

Aber erst einmal wird gefeiert! Der dänische Philosoph Sören Kirkegard nannte eine Hochzeitsfeier schlicht: „Vorschusslorbeeren". Man kann ja nie wissen, wie es ausgeht.

Heilbronn im September 1955

Meine erste Autofahrt von der Alb an den Neckar zeigt uns mit meinen Eltern und meinem jüngeren Bruder. Fritz auf Vaters Arm, Dorothee in einem Schaffell, wie alle ihre Geschwister später auch. Die Mutter im wunderschönen, selbst gewebten und selbst geschneiderten Rock. Sie hielt lebenslänglich auf Qualität.

3.2 Johannes Hasselhorn, Wie die Juden nach Buttenhausen kamen

*Leserbrief an die Redaktion „Der Albbote",
27.7.1953*
„Unstet und flüchtig" ist das Leben des Judenvolkes schon von jeher gewesen. Weil sie keinen eigenen Herrn hatten, waren sie im Mittelalter die Schutzbefohlenen des Kaisers, dem sie dafür Abgaben an Geld schuldeten. Bei Strafe der Exkommunikation verbot das Erzbistum Mainz 1223, bei Juden Dienste anzunehmen. Man verbot ihnen, Land zu erwerben, darum mussten sie Handel treiben. Die Herren brauchten Geld, viel Geld, die Christen aber durften keinen Zins nehmen, darum blieb das Geldgeschäft den Juden. So hat man durch Jahrhunderte die Juden zu ganz bestimmten Berufen erzogen. Niemand wollte die Juden haben, darum mussten sie ins Ghetto in den Städten. Besonders judenfeindlich war Alt-Württemberg. Graf Eberhard im Bart hat hier für Jahrhunderte die Gesetze Württembergs bestimmt, von seinem Testament, 1492 an, bis zur Neuordnung 1821! Buttenhausen hatte, wenn auch stark wechselnd, seine eigenen reichsunmittelbaren Herren. Philipp Friedrich Freiherr von Liebenstein erhielt aus dem eingetauschten Besitz seiner Frau 1783 Buttenhausen zu seinem Besitz Jebenhausen bei Göppingen hinzu. Dort hatte er 1777 Juden unter seine Schutzherrschaft gestellt. Auf einem Münsinger Markt kam es 1791 zu Streitigkeiten zwischen dem Oberamtmann Müller und dem Juden Hosea Bernheimer aus Jebenhausen. Der Freiherr von Liebenstein nahm seinen Juden in Schutz und wandte sich scharf gegen das Münsinger Oberamt. Ja, er schrieb selbst an die württembergische Regierung, dass die Judengesetze Württembergs nicht mehr in die jetzige Zeit der „Toleranz" passen würden. Er fasst den Plan, den Juden in Buttenhausen eine Heimstätte zu bieten, in der sie ganz bleiben könnten. Ein Plan von weittragender Bedeutung, geboren aus der Idee der großen Vaterschaft Gottes und der Bruderschaft aller Menschen, die gerade in der jüdischen Religion ihren Ursprung haben. Er erließ, wie in Jebenhausen schon, einen Judenschutzbrief am 7. Juli 1787. Die Plätze zum Häuserbau für 25 Familien + Vorsteherfamilie wurden kostenlos zur Verfügung gestellt, an der heute noch so benannten Judengasse. An der Lauter wurde (auf) seine Kosten ein Frauenbad errichtet, in dem sich die Frauen der gesetzlichen Reinigung unterziehen konnten. Er gab die Erlaubnis zu einer Judenwirtschaft, für die er das Aushängeschild bestimm-

te: „Zum König David". Ein halber Morgen Land für den zukünftigen Friedhof wurde kostenlos überlassen, mit einem Zins von 6 Gulden im Jahr. Die einzigste (*sic*) Bestimmung war ein Schutzgeld von 12 Gulden im Jahr für eine Haushaltung. Sonst sollte die Siedlung fast ganz unter freier Selbstverwaltung stehen - für damalige Zeiten geradezu erstmalig -! Auch das war für das Rechtsdenken der Zeit völlig neu, dass so viele Juden wie nur wollten in einem Hause wohnen könnten. Sonst durfte nur eine Familie ein Haus bewohnen. Der Jude Elias Gutmann half dem Freiherrn bei der Erstellung der Siedlung. Der Freiherr kümmerte sich weder um den Münsinger Oberamtmann, der seine Juden bei der Regierung als „Lumpen" und „Gefahr fürs Oberamt" bezeichnete, noch um die judenfeindliche Regierung und deren Bestimmungen, denn er war ja Reichsfreiherr des Donauischen Ritterdirektoriums!

Durch die weiten Beziehungen der Juden war der Schutzbrief bald in den oft engen und sehr eingeschränkten Judensiedlungen bekannt. Da nach dem Schutzbrief kein Jude gehalten war, in Buttenhausen ein Vermögen nachzuweisen und freie Religionsausübung zugesichert bekam, wurde Buttenhausen ein beliebter Siedlungsort. Als erster siedelte 1788 Simon Jakob, später mit dem Familiennamen „Adler" bezeichnet. Dann kamen die späteren Höchstetter, Rieser, Löwenthal, Hirsch, Bernheimer, Levi, Rosengart, Tannhauser, Kahn, Marx, Dreifuß, Landauer, Einstein und andere. Die ersten wohnten in der freiherrlichen Ölmühle, dann in Miete bei den Dorfbewohnern. Das erste Wohnhaus baute sich Moses Bernheimer (Haus Nr. 83), wahrscheinlich 1791. Der Name Bernheimer taucht immer wieder auf. So Hayma Simon Bernheimer aus Illereichen 1789, sein Bruder kam 1796 nach, und 1799 holten sie noch ihren alten Vater. Ein Bernheimer stellte 1844 den Antrag auf die Aufnahme in das Bürgerrecht von Buttenhausen. Es wird ihm zweimal vom Gemeinderat abgeschlagen, obwohl er nachweisen kann, dass er Landwirt und Gewerbetreibender ist. Zwei Jahre später hat er es dann über die höchsten Regierungsstellen geschafft, und beginnt darauf sogleich mit dem Viehhandel, den er vorher nicht treiben durfte. Er erbaute 1848 „Berneck", den heutigen Fladhof, und ließ ihn von einem Verwalter umtreiben. An die Familie Flad kam er 1859. Ein anderer Bernheimer stiftete 1904 die Realschule in hochherziger Weise. Ein Bernheimer war auch die treibende Kraft 1795, die den Bau einer Synagoge durchsetzte, er wird in dieser Sache wenigstens als „Commisionär" der Judenschaft bezeichnet. Auch in den Verhandlungen um eine Schule taucht der Name wieder auf. Die Judenschule wurde schon von Anfang an gehalten, von 1825 an gab es eine jüdische Elementarschule in Rabbinatshaus und seit dem Schulneubau 1862 im kommunalen Schulgebäude. Wie tüchtig dort gelernt wurde zeigt, dass um 1850 herum ein H. Schweizer seinen Sohn in Tübingen Medizin studieren lassen kann. Als der fertige Chirurg wieder zurück kam, wandte er sich vom Arztberuf ab und begründete das heute noch bestehende und weit geachtete Gasthaus „Zum Schweizerhof". Man hat schon manchmal gemeint, nur um der geldlichen Einnahmen willen habe der Freiherr von Liebenstein die Juden aufgenommen. Das kann aber nicht ganz richtig sein. Die Akten zeigen, dass z.B. die Freifrau von Liebenstein nach dem Tode ihres Mannes 1799 kein Gesuch der Juden um Nachlass oder Erlass der Schutzgelder abgeschlagen hat. Sie hat höchstens eine mütterliche Ermahnung gegeben. Im Vergleich zu den 10 verschiedenen Abgaben der übrigen Dorfbewohner, zu jeder 4. Garbe Frucht hinzu, samt Frondienst, waren die Abgaben der Juden auf keinen Fall höher. Selbst wenn das Dorf nur den Zehnten hätte abgeben brauchen, wären die Juden nicht höher besteuert gewesen! Mit der Bevölkerung stellten sich die Juden von Anfang an auf guten Fuß. Nur einmal ist bekannt, dass Juden mit den Dorfbewohnern Streit bekommen hatten in der Wirtschaft. Das endete damit, dass die Juden hinausgeworfen wurden, und die Bauern Strafe zahlen mussten. In späterer Zeit verdiente die Bevölkerung gut bei den Juden, die es zu etwas gebracht hatten. Vor allen Dingen aber hatten die Juden hier ihre Heimat, und waren auch auf ein gutes Zusammenleben angewiesen. Wie gut das Verhältnis war bis zuletzt, zeigen eine ganze Reihe von Unterschriften aus aller

Welt, die Herrn Bürgermeister a.D. Hirrle[1] mit Dank bescheinigen, dass er in den schweren und dunklen Zeiten der Judenverfolgung ihnen mit Rat und Tat zur Seite gestanden ist.

Judenhass anderer hat die Juden so den Weg nach Buttenhausen finden lassen, als einer Stätte der Humanität. Judenhass hat sie wieder vertrieben. Die Juden sind ein vom Hass getriebenes Volk unsagbarer vieler Leiden. Wir sind ihnen tiefer verbunden, als wir wissen. Wir Christen sollten wissen, dass da, wo Synagogen angesteckt werden, auch bald die Kirchen brennen.[2] Und noch keiner blieb ungestraft, der sich an den Juden vergriff. Gott aber ist ein Gott der Juden und der Heiden, darum ist der Judenhass gottlos und menschenfeindlich zugleich. Nehmen wir sie auch auf als Brüder?

3.3 Johannes Hasselhorn, Die Lage der evangelischen Jugend auf dem Lande

Zu den evangelischen Bauerntagen in Laichingen und Gechingen-Stammheim, in: Stuttgarter Evangelisches Sonntagsblatt, 13.2.1955

Die Schulbildung unserer Dorfschulen und die Fachausbildung in den ländlichen Berufs- und Fachschulen scheint diesen jungen Menschen „Lücken" gelassen zu haben, an denen sie heimlich leiden. Bei der Fülle des Stoffes kann das ja auch nicht anders sein. Aber auch die versuchte Erziehung zum Christus im Konfirmandenunterricht und in der Christenlehre, ja selbst im Jugendkreis, der in vielen Gemeinden eben auch nur vom Pfarrhaus getragen wird, hat ihnen nicht gegeben, was ihnen als Jungbauern und Jungbäuerinnen heute fehlt.

---

[1] Bürgermeister in Buttenhausen 1934-1951. 1938 brannten die Nationalsozialisten, wie überall im Deutschen Reich, auch in Buttenhausen die Synagoge nieder. Hier musste die SA jedoch zweimal Feuer legen, da die Feuerwehr den Brand beim ersten Mal noch löschen konnte. Die Löschung des ersten Brandes soll durch Bürgermeister Hans Hirrle mit gezückter Pistole gegen die SA-Leute durchgesetzt worden sein. Vgl. dazu STADT MÜNSINGEN, Juden in Buttenhausen, S. 74

[2] Diesen Satz hat Johannes Hasselhorn als Reaktion seines Vaters auf die Reichsprogromnacht 1938 überliefert.

Ja selbst die Jugendkreise der freien Werke innerhalb der Kirche oder außerhalb der Kirche erreichen diese Menschen verhältnismäßig wenige, weil eben ihre eigenen und besonderen Schwierigkeiten unbeantwortet bleiben. Der holländische Pfarrer Bakker von Den Haag hat es im Frühjahr 1954 auf der Tagung der Deutschen Agrarsoziologischen Gesellschaft in Bad Hersfeld so formuliert: „Die Kirchen haben zu lange außerhalb der sozialen Wirklichkeit gelebt und zu lange unchristliche Traditionen sanktioniert, um zu den gegenwärtigen Fragen schon eine Antwort zu haben. Eine offene und dienende Haltung der Kirchen wird dem Lande am meisten zu Nutze sein." In der Bitte um erweiterte und vertiefte Bildung unserer bäuerlichen Jugend liegt heimlich verborgen das Eingeständnis: „Wir kommen allein nicht weiter." Während die Väter und Mütter durch eine ihnen vertraute Welt gingen, ist dem jungen bäuerlichen Menschen - auf demselben Grund und Boden - heute alles fragwürdig geworden. Sie versuchen - im Gegenbild gesprochen - in einer ihnen fremd gewordenen und stets sich ändernden Welt sich zurechtzufinden. Das erfordert von ihnen erhöhte Wachsamkeit! Dazu aber bedarf es gesteigerter fachlicher Ausbildung und mit demselben Recht ein vertieftes Verständnis des Menschen. Haben wir Christen die Kraft, ihnen in ihre Lage hinein das Menschsein aufzuzeigen von der Menschwerdung Gottes her, von Tod und Auferstehung Jesu aus? Haben wir den Mut, um des wahrhaft apostolischen Auftrages willen, neue Wege zu gehen?

Passfotos 1955. Mutter trägt ihre Dorfhelferinnen-Brosche

4 Landjugendakademie Altenkirchen

4.1 Johannes Hasselhorn, 45 Bilder aus 90 Jahren, Teil 3

Vater mit Dietrich

Altenkirchen 1958

Ein Durstiger will getränkt sein.

Zum 1.5.1957 wurde ich Studienleiter für Landfragen der EKD mit Sitz in Altenkirchen/Westerwald. Hier die Einweihung der Landjugendakademie in Altenkirchen zum 1. Advent 1958 mit Bundespräsident Lübke.

Fritz, Dorothee und Marcus

Unsere Kinder liebten Bilderbücher und das Vorlesen.

Hänschen im Blaubeerwald

Wer bekommt das Buch zum Vorlesen? Hier ist es Dorothee.

4.2 Johannes Hasselhorn, Wortverkündigung und Gesellschaftsdiakonie auf dem Lande

Das entscheidende soziale Handeln der evangelischen Kirche im heutigen Dorf ist die Verkündigung des Wortes Gottes als gemeindeschaffendes Wort in Gesetz und Evangelium. Die Gemeinde, wie wir sie im dritten Glaubensartikel bekennen, ist trotz aller Gebrechen und Unansehlichkeiten eine geschichtliche und soziale Realität in unseren Dörfern. Die Kirche muss zu allen Zeiten und in allen Generationen damit Ernst machen, dass das Wort Gottes Gemeinde schaffen will. Sie kann darum die Verantwortung für die junge Generation der heutigen ländlichen Gesellschaft in keiner Weise aufgeben, weil ihr das Amt befohlen ist, das Wort von der Versöhnung zu predigen. Gemeindebildung lässt sich heute eben so wenig wie zu irgendeiner anderen Zeit mit pädagogischen Methoden erreichen. Gemeinde entsteht, wann und weil es von Gott vorgesehen ist. Sie hat ihren Ursprung als Glaubensgegenstand und geschichtlich soziale Realität in der Verkündigung des Wortes Gottes. Nach Gottes Willen wird diese Verkündigung sich auch in Zukunft durch nichts ersetzen lassen.

Eben darum kann nicht „Alles beim Alten bleiben"! Wir stehen vielmehr mit dieser Feststellung am Anfang unserer Überlegungen. Es gibt in der kirchlichen Verkündigung verbrauchte Gedankengänge und in ihren Methoden verbrauchte Praktiken, die in den Fragestellungen von gestern und vorgestern verhangen sind. Mit den Vorstellungen vergangener Zeiten lässt sich aber die Gegenwart nicht meistern. Diese Vorstellungen sind die Ursache für gewisse Nöte der heutigen Kirchengemeinden. ...

Das kommende Reich Gottes von dem die Verkündigung der Kirche zeugt, hat als entscheidende Lebensäußerung die Tat dienender Liebe. Diese Liebe ist keine theoretische Angelegenheit, sondern ist immer auf eine bestimmte, geschichtlich bedingte Situation bezogen. Um dieser Liebe willen werden die Gemeinden mit ihren Pfarrern nicht anders können, als die Situation zu erforschen, in der die junge Generation heute lebt. Dabei werden wir alte geschichtliche Belastungen zu überwinden haben. Adolf Schlatter hat einst in seinem programmatischen Bändchen „Der Dienst des Christen in der älteren Dogmatik" im Jahr 1897 darauf hingewiesen: „Dienst ist das Ziel der Gnade". Er meint, die alte Dogmatik habe die ganze Fülle der Gnadengaben des Neuen Testaments auf das Amt des Gemeindepfarrers übertragen: „Mit der Begründung des Pastorats war der zur Tätigkeit führende Impuls des Glaubens erschöpft." Er sagt dann weiter: „Das Bild der Kirche, das den Alten aus ihrer gläubigen Schätzung des göttlichen Wortes erwuchs ist somit dies: Glaube und Erkenntnis pflanzt Gott durch die Bibel und das Predigtamt; das Böse beseitigt er, wenn es unerträglich wird, durch das Strafamt der Obrigkeit. Dem, der weder Pastor noch Obrigkeit ist, hat Gott in der Kirche keinen Dienst zugeteilt. Er höre, schweige, glaube, empfange glaubend seine Seligkeit und handle in seinen übrigen Verhältnissen nach Gottes Gebot."...

Einweihung der Evangelischen
Landjugendakademie Altenkirchen

Diese Passivität, zu der die Gemeinde in Jahrhunderten erzogen worden ist, lässt sich nicht in einer oder zwei Generationen ungeschehen machen. ...

Christus ist nicht nur des Gesetzes Ende, sondern er ist auch sein Erfüller. In der Einheit von Gesetz und Evangelium wird der Mensch in einer doppelten Beziehung ernst genommen:

a) als ein Wesen, das nur von Gott her zu verstehen ist, Ebenbild und Geschöpf Gottes;

b) als ein Wesen, das an einem ganz bestimmten historischen und gesellschaftlichen Ort steht.

Darum ist es Recht und Pflicht der Evangelischen Jugend auf dem Landes, mit allen Gruppen und Richtungen der heutigen ländlichen Gesellschaft eine Gesprächsebene zu suchen und herzustellen. Wir haben ein weites Feld an Mitverantwortlichkeit, wenn wir gewillt sind, das aufzugreifen und vom Gesetz und Evangelium her weiterzuführen, was uns Wissenschaftler über die heutige ländlichen Gesellschaft zu sagen haben. Die Zusammenarbeit mit ihnen muss darum eine sachgemäße sein, weil wir nur so erkennen können, wo der Mensch und die heutige ländliche Gesellschaft ihre besonderen Probleme haben, die ihr Menschsein in Frage stellen. Das erfordert ein fortwährendes Hin- und Hergehen zwischen dem Wort der Heiligen Schrift und der Wirklichkeit des modernen ländlichen Lebens. Möge die evangelische Kirche im Raum der ländlichen Gesellschaft ihre heilende Kraft erweisen in kritischer, normativer und korrektiver Funktion. In der Vollendung des Reiches Gottes wird es den Ruf der Verkündigung zum Glauben nicht mehr geben und auch nicht den Dienst der Liebe am irdischen Menschen. Solange wir aber noch auf dem Weg sind, können wir uns beidem nicht entziehen.

aus: Beiträge aus der Arbeit der Evangelischen Jugend auf dem Lande. Evang. Landjugendakademie Altenkirchen-Westerwald, Heft 1, 1957/58.

Mitarbeiter in Altenkirchen

4.3 Johannes Hasselhorn, Rede zum 80. Geburtstag von Elisabeth Hasselhorn, geb. Pfitzer, am 26. Oktober 2005

Anlässlich einer Tagung in der Akademie fragte Herr Dr. Fricke uns, ob wir nicht nach Hermannsburg kommen wollten zum Dienst an der Jugend auf dem Lande. Der Oberkirchenrat in Stuttgart hatte uns für andere Dienste vorgesehen. Wir fuhren also nach Stuttgart. Man bat mich zum Gespräch, meine Frau sollte ruhig warten. So war es seit der Reformation Brauch. Aber nun mussten die Herren Oberräte aus dem Munde einer Pfarrfrau Unerhörtes hören. Sie wollte nämlich an den Verhandlungen teilnehmen. Dazu sei sie mitgekommen. Die Herren berieten sich und luden sie dann auch ein. Sie stellten nur eine Bedingung: Sie wollten mich nicht beurlauben, sondern wir müssten die Landeskirche verlassen.[1]

Ich bewarb mich in Hannover. Ende April 1960 wurde der Möbelwagen gepackt. Da kam in die Packerei hinein der erste Antwortbrief aus Hannover mit der dringenden Aufforderung noch nicht umzuziehen, da über die Anstellung noch nicht entschieden sei. Ich rief bei Herrn Dr. Fricke an. Als erstes meinte er, dass es sich überhaupt nie lohnen würde, sich über das Landeskirchenamt aufzuregen. Wir sollten kommen, der Kursus würde am 4. Mai beginnen.[2]

---

[1] Erst viel später erfuhr mein Vater die Begründung für diese Forderung: Wenn er einen Turnus als Leiter einer Heimvolkshochschule absolviert hätte, dann müsste man ihn anschließend zum Dekan ernennen. Dafür seien aber seine Noten aus dem Theologischen Examen nicht gut genug. Während des Examens litt er noch unter starken Kopfschmerzen wegen seiner Kriegsverwundungen.

[2] Übrigens erhielt er für den ersten Monat kein Gehalt aus Hannover. Erst nach einem theologischen Kolloquium im Landeskirchenamt, bei dem überprüft wurde, ob er über genügend Kenntnisse in lutherischer Theologie verfügte, wurde er in den Dienst der hannoverschen Landeskirche übernommen.

5 Heimvolkshochschule Hermannsburg

5.1 Johannes Hasselhorn, Ortsgemeinde in soziologischer Sicht

(16.8.1963) II a) Die Ortsgemeinde - ein geschichtliches Ergebnis

Die Kirchengemeinde zeigt uns, dass der geschilderten, offenen Gemeinde im Zuge der Entwicklung viel von ihrer Offenheit verloren gegangen ist. Je mehr in die Urchristenheit die griechische Philosophie eindrang (z.B. in der Lehre von der Unsterblichkeit der Seele, Gnosis usw.) und das römische Rechtsdenken überhand nahm (z.B. im Aufbau der Hierarchie, des römischen Rechts usw.), verengte sich der Kirchenbegriff. Zur Entschuldigung mag angeführt werden, dass die junge Christenheit sich natürlich mit der Philosophie, d.h. mit dem Heidentum der damaligen Zeit und mit den Irrlehren auseinander zu setzen hatte. Im Zuge dieser Abwehrkämpfe öffnete sie sich selbst dem griechischen und römischen Denken und glich sich ihnen an. So ist die Parochie, d.h. die Abgrenzung der Ortsgemeinde gegenüber dem benachbarten Gemeindebezirk, in den alten römischen Städten zuerst vor sich gegangen. ... Später wurde das System der Parochie als Ortsgemeinde auch auf das platte Land den „Heiden" (= pagani) gebracht. Parochialdenken gehört zur Voraussetzung des Christianisierung unserer Dörfer. Diese Christianisierung ist nicht gleichzusetzen mit der Missionierung! Zur Missionierung bedarf es eines juristischen Gebildes von Parochie nicht. ... Bis auf wenige Dörfer ist die Missionierung eine Aufgabe, die auf alle Fälle auf dem Lande noch vor uns liegt.

Damit ist lange vor der Reformation das Wesen der Kirche festgelegt, das zur Bildung der passiven Gemeinde führt:

1. Mit der juristischen Einrichtung der Pfarrei und ihrer Dotierung (in Niedersachsen je drei Bauernhöfe und von je 125 Gemeindegliedern je 1 Mann und 1 Mädchen auf dem Pfarrhof) war die Tätigkeit der Gemeinde erschöpft. Für die Heil spendende Funktion der Sakramente sorgte der in die Hierarchie der Kirche eingeordnete Priester.

2. Der einzelne Gläubige hatte sich gegenüber seiner Ortsgemeinde immer nur empfangend, nie gebend - außer bei Kollekten - zu verhalten. Die Abwehr des Heidentums war Sache der beamteten Priester, und über Irrlehren konnte der Laie schon gar nichts ausmachen, weil die Theologie die Geheimwissenschaft der Priester war. Schweigend und alle Anordnungen gläubig hinnehmend hatte er sich in seiner Gemeinde zu verhalten.

3. Ein in dieser Weise verstummter und vereinsamter Glaube wird notwendigerweise von der Gegenwart weg gedrängt und auf eine rein religiös-transzendente Haltung gewiesen. Der Glaube wird auf das Wollen beschränkt: einst selig sterben und in den Himmel kommen, um diese böse Erde möglichst bald hinter sich zu lassen.

4. Die Kirche selber wird um den Fortbestand ihres Daseins völlig unbesorgt. Die biblische Eschatologie wird umgebogen, denn Kirche wächst ja weiter wie irgend ein Gartengewächs, Die Frucht dieses Gewächses hängt natürlich ab von der Beschaffenheit des „harten Bodens" und von Sonne und Regen. Ab und zu ist darum in der Gemeinde ein richtiges Donnerwetter gut und heilsam. Der Priester vermag ja auf Grund seines „character indelebilis"[1] durchaus den Zeus in seiner Gemeinde zu

---
[1] lat. untilgbares Prägemal. Gemeint ist, dass die Priestereigenschaft selbst bei Verlust des Amtes erhalten bleibt.

spielen und kann Blitz und Donner zwischen den Schäflein der Gemeinde einschlagen lassen.

Das alles galt für die Ortsgemeinde in der vorreformatorischen Kirche. Aber wir haben ja nun die Reformation mit dem unendlichen Fortschritt, u.a. in der Lehre vom Priestertum aller Gläubigen. Die Reformation war gewiss ein Fortschritt, aber - wie Adolf Schlatter bereits 1897 deutlich gesagt hat - „ein Fortschritt, der die Geschichte nicht zerrissen hat". ... Er weist darauf hin, wie alle die negativen Seiten des vorreformatorischen Parochialdenkens am Bau der neuen Gemeinden mitgewirkt haben und die Passivität der Organisation eben nicht durchbrechen konnten. Die um den Erfolg der Sakramente unbekümmerte Priesterschaft wird abgelöst durch das um den Erfolg der Predigt sorglose Pastorat. Und an die Stelle der passiv ums Sakrament gescharten Zuschauer treten die ebenso passiv ums Wort versammelten Zuhörer. Die rein dogmatischen Predigten mit ihrem Angriff gegen falsche Lehre sind das Kennzeichen der Predigten nach Luther und schon zu Luthers Zeiten. Und in sogenannten „toten" oder „lebendigen" Gemeinden hat sich Donner und Blitz zur Erhaltung oder zur Hebung der Bodenfruchtbarkeit oder erst zur Urbarmachung bis zum heutigen Tage erhalten. ...

Das alles war möglich, solange die Struktur der Gesellschaft, gerade in ihren kleinen Gruppen, stabil blieb. Die passiv erzogenen Gemeinden empfanden die Unmöglichkeit einer solchen Gemeindeleitung im Zuge der Dynamisierung aller Lebensbereiche immer schmerzlicher. ...

Die Industrialisierung brachte für einen immer größer werdenden Teil der Gesellschaft die „Kernspaltung", d.h. das Auseinanderreißen von Arbeits- und Familienwelt. Dadurch geriet gerade die Kleingruppe in Unordnung, die fest vermauert in Luthers Kleinem Katechismus angesprochen war: der Landmann oder in den Städten der Ackerbürger mit seiner Familie. Die Ansprüche der Gebildeten und der industrialisierten Menschen an die Kirche wuchsen. Den Gebildeten gegenüber hatte der Gemeindepastor den Vorteil, dass er ebenfalls Akademiker war und in der Universalität der Wissen-

schaft hier einigermaßen mithalten konnte. Sein Ansehen bei den Gebildeten war also abhängig von seiner wissenschaftlichen oder karitativen Leistung. Der alte Amtsbegriff erleidet damit erhebliche Einbußen. Den Ansprüchen aus der Notlage des Arbeiters begegnete man mit der Gründung der Inneren Mission. Was hier an Glaubenstaten geschehen ist, bleibt gewaltig, aber einige Denkvoraussetzungen müssen in Frage gestellt werden dürfen. Wichern nannte die ‚Innere Mission' bei seiner berühmten Rede in Wittenberg 1848 „die bewaffnete Tochter der Kirche", mit deren Hilfe „die Bekämpfung der Revolution" betrieben werden sollte. Man ging davon aus, dass in der Ortsgemeinde alles in Ordnung sei, dass nur der böse Zeitgeist des Liberalismus diese „passive Gemeindeform" unterhöhlen würde. Bis in unsere Tage hinein zeigt sich dasselbe Bild in verschiedenen Farbtönungen: Die Angst der Kirchenleitungen (= was wollen die eigentlich leiten?) und Pastoren (= Gemeindepäpste), es könnte sich am Herkömmlichen etwas ändern. Daher in Jahrzehnte die Verschleierungspolitik gegenüber der tatsächlichen Kraft und Wirkung der Ortsgemeinde und der Kirche.

5.2 Johannes Hasselhorn, 45 Bilder aus 90 Jahren, Teil 4

Hermannsburg 1960

Drei Jahre später ging es nach Hermannsburg. Dr. Fricke hatte uns überzeugt mit dem

Satz: „Junge Menschen brauchen Kraft, um zukünftige Dinge bestehen zu können." Mit besonderer Dankbarkeit denke ich an diesen Dienst zurück. Bald kamen zusätzliche Aufgaben: Vorsitzender des Verbandes der Heimvolkshochschulen in Niedersachsen, Berufung in den Achter-Ausschuss der Ministers zur Vorbereitung eines ersten Gesetzes zur Erwachsenenbildung in der BRD.

In Hermannsburg stößt 1962 Jost zur Familie

Drei Jahre später kann er schon ganz schön schreien!

Taufe und Konfirmation 5. Mai 1968

Die Konfirmandin ist gleichzeitig Taufpatin ihrer Schwester Anne-Monika. Die Mutter zum letzten Mal: „Mir ist ein Stein vom Herzen gefallen, jetzt hat ein Höherer die letzte Verantwortung."

5.3 Johannes Hasselhorn, Konzeption einer Erwachsenenbildungsarbeit der evangelischen Kirchen in Niedersachsen

A. Theologische Grundfragen

1. Die Menschen, die zu Jesus kamen, waren in der Mehrzahl erwachsene Menschen. Die geographische Landschaft, zu der Jesus gehörte, war - gemessen an der zeitgenössischen Zivilisation - kulturell und sozial zurückgeblieben. Die Bevölkerung war im wesentlichen landwirtschaftlich tätig und wohnte in Dörfern und kleinen Städten. Jesus selbst dachte in Begriffen dieser umgrenzten Lebensweise, wie man besonders an seinen Gleichnissen sieht. Seine ersten Jünger waren ohne Sympathie für die weltklugen Bürgergruppen der Städte. Die Briefe des Neuen Testaments machen dagegen deutlich, dass wir eine andersartig strukturierte Gesellschaft vor uns haben. Diese Welt ist bestimmt von den republikanischen Institutionen der Polis, von freiwilligen Verbindungen aller Art und anderen Grundvoraussetzungen. Eine der wesentlichen geistigen und geistlichen Leistungen der Briefschreiber besteht darin, unter diesen Voraussetzungen und in sie hinein Jesus als die Wahrheit und das Leben zu bezeugen. Sie haben die Menschen in der Wirklichkeit ihrer Existenz getroffen. Die Kirche hat immer darum gewusst, dass das Evangelium ein Angebot zur Weltbewältigung darstellt. ...

2. ... Die Offenbarung Gottes in Jesus Christus ist die Beantwortung der Frage nach der Bewältigung des Lebens und nach dem Verhalten im Leben. Das Neue Testament behandelt ausführlich Probleme sozialen Verhaltens. Diesen wird sogar mehr Aufmerksamkeit zugewandt als den sogenannten religiösen Pflichten. Das Neue Testament ist geradezu eine Fundgrube für soziale Verhaltensweisen und Praktiken, die

der Übersetzung in unser Leben hinein bedürfen. „Das revolutionärste Buch, das wir besitzen, das Neue Testament, ist nicht erschöpft", sagte C. F. Weizsäcker am 13.10.1963 in Frankfurt. Eine wesentliche Aufgabe der Erwachsenenbildung besteht in der Lebenshilfe selbst. ...

Dieses Verständnis ist in unserer Zeit in besonderer Weise gefährdet. Dieser Gefährdung muss eine evangelische Kirche nachgehen. ... Erwachsenenbildung muss vom Evangelium her von tiefster Radikalität sein. Sie muss sich dem Ende der aristotelischen, objektiven Denk- und Lebensweise stellen. Sie wird zu fragen haben, ob das, was seit Hegel in Politik, Pädagogik und Theologie von der Entfremdung des Menschen gesagt wird, nicht auf unrealistischen Vorstellungen beruht. Das Menschsein des Menschen ist nicht erlebbar abseits von Bindungen und vielfältigen Verflechtungen. ...

3. Wir nennen unsere Gesellschaft „pluralistisch". Dabei bedeutet Pluralität nicht eine Eigenschaft an dieser Gesellschaft, sondern schlechthin die Grunddefinition der Gesellschaft. ... Zum Pluralismus gehört deshalb der Streit der Meinungen, die Freiheit der Meinungsäußerung und schließlich die Toleranz. ... Die Betätigung des Glaubens darf sich nicht beschränken auf die Minimalisierung eines aus der feudalen Gesellschaftsordnung stammenden religiösen Brauchtums. Es müssen also Betätigungen gefunden werden, die der Gesellschaft angemessen sind. Erwachsenenbildung ist eine der notwendigen Betätigungen.

...

5. Schlussbemerkung

In allen Gruppen des Niedersächsischen Bundes für Freie Erwachsenenbildung sind lebendige Christen aktiv an der Erwachsenenbildung beteiligt. Die Kirche muss daher in ihrem eigenen Engagement an der Sache der Erwachsenenbildung darauf sehen, dass sie die evangelischen Christen in diesen Gruppen nicht kirchlich deklassiert. Das würde in dem Augenblick geschehen, in dem Erwachsenenbildungsarbeit nach evangelischem Verständnis sich zurückziehen würde in die Arbeitsgemeinschaft für Ev. Erwachsenenbildung im Bereich der Ev. Kirche Niedersachsens. ...

Die Freiheit und Glaubwürdigkeit einer Arbeitsgemeinschaft für Erwachsenenbildung im Bereich der Ev. Kirchen Niedersachsens, die Nachhaltigkeit ihres gewünschten und notwendigen Auftrages hängen entscheidend daran, ob sie die Erweiterung des Loccumer Vertrages mit dem Recht auf eigene Erwachsenenbildung geistlich interpretieren - als Aufgabe zum Dienst an der Allgemeinheit im Bereich der Erwachsenenbildung. Erwachsenenbildungsarbeit als geistliche Aufgabe in Solidarität, Toleranz und Offenheit ist die einzige reale Konzeption einer evangelischen Erwachsenenbildungsarbeit

April 1966 für den (Landes-)Synodalausschuss der Hann. Landessynode

Tagung im Großen Saal der Heimvolkshochschule

5.4 Johannes Hasselhorn, Das wandernde Gottesvolk

Biblische Besinnung, Evangelische Akademie Loccum, 24.11.1966

... Das Echo auf die Landwirtschaftsdenkschrift der EKD[2] machte der Kirche ja nicht nur den Vorwurf, dass sie in Sachfragen nicht kompetent sei, sondern vor allen Dingen den, dass man ein seelsorgerisches Wort erwartet hätte.

---

[2]Die Denkschrift hatte er angeregt und maßgeblich verfasst.

Seelsorge aber heißt nach den Ausführungen, die ich an dieser Stelle gehört habe: Es darf von keiner Sachkenntnis getrübt sein. Seelsorge ist also der Schrei nach dem Ausklammern der rationalen Gesellschaftsbeziehungen. Hier will die ländliche Gesellschaft dem wandernden Gottesvolk das Thema diktieren.

2. Der so zerrissene Mensch auf dem Lande hat ein neues Gefühl der Angst entwickelt. Noch nie war die Angst um die Zukunft der bäuerlichen Existenz eine so grundsätzliche und realisierbare wie heute. ... Merkwürdigerweise hat die Aufklärung das Problem der Angst bis heute nicht bewältigen können. Angst drückt sich aus im permanenten Sicherheitsbedürfnis. Sicherheit aber - und das mag eine abendländische Geisteshaltung sein - gibt es nur durch Institutionen. Nach der Auflösung verschiedenster Ideologien blieb auf dem Landes die Kirche als feste Institution. Sie muss im Hinblick auf die Angst eine Entlastungsinstitution sein, d.h. sie muss im Grunde genommen so bleiben wie sie war. ... Man will eine Kirche, die beruhigt, aber keine, die aufregt. Bis in die Vorarbeiten zur Landwirtschaftsdenkschrift hinein wurden selbst von Theologen die Beruhigungspillen der sogenannten Schöpfungsordnung in neufrisierter Weise dem Entwurf einverleibt. Schöpfungsordnung hieß, dass die geschichtlich gewordenen Ordnungen den Rang der Heiligkeit erhielten und unantastbar sein sollten. Das wandernde Gottesvolk sollte gewissermaßen auf der ganzen Linie Halt blasen lassen und die gewachsene Ordnung als die gültige bis zum Jüngsten Tag anerkennen.

Das wandernde Gottesvolk ist aber nicht der Garant der dörflichen Gemeinschaft und nicht das Entlastungsinstitut der Sicherheitsgefühle. Es ist das Volk des Kampfes. Es ist ein Kampf um die Würde des Menschseins, nicht abseits der Veränderungen, denen die ländliche Gesellschaft unterworfen ist, sondern ein Kampf in ihnen. Das Gottesvolk sieht in den Veränderungen nicht nur Gott widrige Kräfte am Werk, denen man mit Resolutionen entgegentreten muss. So sagte ein bayerischer Kirchenrat noch vor einigen Jahren in einem Referat vor kirchlichen Mitarbeitern auf dem Lande: „Die Aufgabe der Kirche ist es, zu verhindern, dass der Teufel der Industrie aufs Land kommt." Und einen Professor der Theologie hörte ich noch vor einem Jahre sagen, dass der Beginn der Rationalität der Untergang des christlichen Bauerntums sei. ... Das wandernde Gottesvolk fragt vielmehr unnachsichtlich: Wie muss der Strukturwandel aussehen, welche Fragen müssen hier gelöst werden, welche Entwicklungsrichtungen müssen gefördert und welche gehemmt werden, damit der von Gott geliebte Mensch nicht nur ein ausgeplünderter Mensch ist, dessen Ehre zertreten wird? Die soziale Frage ist in der Bibel immer eine Frage nach der Ehre des Menschen. Das wandernde Gottesvolk bekommt eben sein Thema von dem mitgehenden und voran ziehenden Herrn, der gestern, heute und in Ewigkeit derselbe Herr bleibt. ...

Volkstanz des Sommerkurses

5.5 Albrecht Schack, Johannes Hasselhorn zum 90. Geburtstag

Am 11. August 2014 konnte der frühere Schulleiter der Heimvolkshochschule in Hermannsburg, Oberlandeskirchenrat i.R. Pastor Johannes Hasselhorn, sein 90. Lebensjahr vollenden. Das heutige Evangelische Bildungszentrum ehrte den Jubilar anlässlich der Herbsttagung am Sonntag, 7. September 2014, mit einem Mittagsempfang, zu dem auch viele seiner früheren Schülerinnen und Schüler gekommen waren. Das langjährige Mitglied des Kollegiums, Dr. Albrecht Schack (1959-1996), hielt die Laudatio auf den verdienstvollen Leiter, Theologen und

Pädagogen.[3]

Verehrte Anwesende,
liebe Altschülerinnen und Altschüler,
insbesondere lieber Herr Hasselhorn!

In meinem kleinen Beitrag zu Ihrem 90. Geburtstag geht es nicht um eine umfassende Würdigung Ihres Lebenswerkes, dafür bin ich weder befugt noch in der Lage. Ich möchte mich vielmehr beschränken auf drei Streiflichter, die während Ihrer Zeit als Schulleiter (1960 bis 1972) aus meiner Sicht für die Arbeit der Schule von bleibender Bedeutung sind.

Aber zuerst noch einige Vorbemerkungen:

Als Sie Ende April 1960 zusammen mit Ihrer Frau und vier Kindern hierherzogen, kamen Sie aus Altenkirchen im Westerwald, wo Sie an der Evangelischen Landjugendakademie theologischer Studienleiter gewesen waren. Unserem Seniorkollegen Dr. Walther Fricke waren Sie dort auf eine Tagung aufgefallen, und er hatte wohl gleich den Eindruck gewonnen, dass Sie **hier** der richtige Mann am richtigen Platz zur richtigen Zeit wären, erfahren im dem Themen-Dreieck „evangelisch", „Jugend" und „Land".

Von denen, die Sie damals hier in Empfang nahmen, sind einige sogar anwesend:

- Meta Bahrs, unsere damalige Küchenleiterin

- Erich und Ursula Bastin, die gerade ihre Hochzeitsreise beendet hatten,

- Hannerose Isernhagen, damals Lange, die das Büro verwaltete,

- Ilse Müller, die mit ihrem Mann Martin Müller nach dessen zweijähriger Beurlaubung wegen seiner Fortbildung zum landwirtschaftlichen Assessor wieder nach Hermannsburg zurückkehrte,

- Brigitte Goldschmidt, damals noch Kempf, die ihren Dienst als Mitarbeiterin neu begann,

- und eben ich selbst.

---

[3]Mit diesem Vorwort wurde der Beitrag im Rundbrief Nr. 126 des Evangelischen Bildungszentrums im März 2015 abgedruckt. Wir haben es auf Wunsch des Verfassers vorangestellt.

Später kamen dann noch Johannes Schulze, Elisabeth Stegen und Ingrid Eggers dazu.

Und nun zu dem **ersten Streiflicht**:

Sie führten an unserer Schule *das demokratische Prinzip* ein!

Sie waren im Zweiten Weltkrieg bei der Kriegsmarine gewesen und wussten daher, dass ein Schiff nur funktionstüchtig ist, wenn jeder in der Mannschaft weiß, dass es auf ihn, auf seinen Posten ankommt. Sie haben jetzt an Ihrem Geburtstag, am 11. August, selbst gesagt, das Sie auf dem Schiff Demokratie gelernt hätten.

Und so übertrugen Sie diese Erfahrung auf das Schiff, dass sich Heimvolkshochschule nennt (um ein Lied aus unserem Gesangbuch abzuwandeln). Hier war es eben auch so, dass Sie als Leiter jedem und jeder aus der Mitarbeiterschaft das Gefühl vermittelt haben, dass er/sie zum Gelingen des Auftrags der Schule beiträgt. Jeder und jede erhielt Spielraum für die eigene Gestaltung und wusste sich darin stets verantwortlich für das Ganze.

Diese Einstellung ermöglichte es uns auch, dass wir uns gegenseitig vertreten konnten und, wo es angezeigt erschien, uns zugearbeitet haben.

Wir lebten als Mitarbeiterschaft - ob mit oder ohne eigene Familie - wie in einer Großfamilie. Gewisse Höhepunkte dieses gemeinschaftlichen Erlebens waren die gemeinsamen Wohnungsumzüge innerhalb unseres Geländes und dann die Tage in Goslar im April 1971, zu denen alle Mitarbeiter(innen) mit ihren Partnern und allen Kindern gemeinsam in einem großen Bus hinfuhren. Im Übrigen bewegten wir uns in einem ausgewogenen Verhältnis von Nähe und Distanz.

Vielleicht haben Sie, die Sie in den sechziger Jahren als Schülerinnen und Schüler hier waren, das auch so beobachtet und empfunden.

Ihr demokratischer Stil, lieber Herr Hasselhorn, schlug sich auch an anderen Stellen des Schulalltags nieder: z.B. in den Morgenandachten, die nicht mehr nur von dem Theologen, sondern im Wechsel von allen Mitarbeitern gehalten werden sollten, oder in den Wochenkonferenzen, an denen außer den pädagogischen Mitarbeitern eben auch die Hauptverantwortlichen aus Küche, Hauswirtschaft und Verwaltung teilnahmen. Jede(r) sollte informiert, aber auch gehört werden!

Um diesem demokratischen Stil auch einen sichtbaren Ausdruck zu geben, war ursprünglich an einen großen runden Konferenz-Tisch gedacht. Dieser ließ sich aber im Lehrerzimmer des neugestalteten Anbaus nicht unterbringen. So wurde unser Altschüler, der Tischlermeister Hermann Heinrich Kruse beauftragt, einen großen ovalen Tisch anzufertigen, an dem wir nun alle Platz fanden.

Streiflicht zwei:

Unter Ihrer Leitung entwickelte sich die Heimvolkshochschule bewusst zu einer *Lernschule*.

Anlass war der gesellschaftliche Umbruch, der die sechziger Jahre durchzog. Ich nenne nur einige Stichpunkte: Strukturwandel in der Landwirtschaft mit der Parole „Wachsen oder Weichen", Automation und elektronische Datenverarbeitung, friedliche Nutzung der Atom-Energie, Leben im Ost-West-Spannungsfeld, Entwicklungshilfe als Auftrag für Deutschland und Europa.

Unsere Teilnehmer waren von diesen Umbrüchen ganz unterschiedlich betroffen. Etwa so:

- Bietet die Größe des ererbten Betriebes eine Lebenschance?

- Ist ein Weitermachen im erlernten Beruf ohne Fortbildung möglich?

- Kann ich in einem anderen Bereich auf dem Bisherigen aufbauen?

- Wie und wo kann mit den vorhandenen oder noch zu erwerbenden Kenntnissen ein neuer Einstieg gelingen?

Lernschule hieß dann auch, dass wir als Mitarbeiter in den Zielen und Methoden der Schule umdenken mussten und spezielle Kurse für schulische Abschüsse einrichten sollten.

Sie als Leiter steckten uns an mit der Aufgabe, unseren Teilnehmern begreifbar zu machen, was um sie herum geschieht, und sie in diesem Lernprozess sprachfähig in Frage und Antwort zu machen. Das selbständige Lernen und Nachdenken war Ihnen dabei ein besonderes Anliegen.

Dies Bemühen spiegelte sich in neuen Fächern, z.B. in dem Fach „Weltbild", in Seminar-Programmen, z.B. für ältere Menschen, oder auch in den Themen der Altschülertagungen.

Wichtig war Ihnen und uns, dass wir uns für den Unterricht und die Seminare diese Themen so weit wie möglich selbst erarbeiteten, also Vermittler waren und uns so auch auf das Vorverständnis der Teilnehmer einstellen konnten. Vermittlung heißt ja: aufbereiten - erklären - deuten.

Und wie war Ihre **Rolle als Theologe**? Sie fragten: Was bedeuten diese Veränderungen und neuen Entwicklungen für uns als Christen, und wie können Erkenntnisse aus Theologie und Sozialethik uns dabei begleiten? Die mit den Jahren spürbare Verschiebung der Bedürfnisse der Teilnehmer hin zu einer beruflichen Neuorientierung stellte Sie als Theologen vor neue Herausforderungen.

Über Ihre Erfahrungen, bei allem die Bibel im Mittelpunkt des Denkens zu behalten, haben Sie 1969 in der Broschüre zu unserer Fünfzig-Jahr-Feier „Bildung und Bindung" unter der Überschrift „Christlicher Glaube und Erwachsenenbildung" sehr eindrucksvoll berichtet.

Mit den Schülern lasen Sie das Buch „Das personale Zeitalter" des Sozialethikers Dietrich von Oppen oder beschäftigten sich mit den christlichen Wurzeln des Genossenschaftswesens. Die Frucht dieser Überlegungen war Ihre kleine Schrift über „Friedrich Wilhelm Raiffeisen - Christ und Vater der ländlichen Genossenschaft" (1963).

Wir als Mitarbeitende blieben auch in diesem Sinne stets die Lernenden, und alle, die Ihnen nahe stehen, wissen, dass das für Sie selbst bis zum heutigen Tage gilt.

Streiflicht drei:

Als Drittes möchte ich hier Ihre Gabe erwähnen, in *Konzepten* zu denken, sie zu entwickeln und sie dann auch umzusetzen.

Das zeigte sich einmal bei der Weiterentwicklung des Schulprogramms und bei der schrittweisen Vorbereitung auf den Einstieg in den Zweiten Bildungsweg.

Zu den neuen Konzepten gehörte da zunächst die Kooperation mit anderen Bildungseinrichtungen am Ort, dem Gemeindehelferinnen-Seminar und dem Pfarrvikar-Seminar, der alternativen Ausbildungsstätte für Pastoren unserer Landeskirche.

Zusammen mit dem Gemeindehelferinnen-Seminar boten wir im Sommer 1965 den ersten Lehrgang an, der auf eine Art Mittlerer Reife für die Ausbildung in Sozialberufen (sog. Schulwissenschaftliche Prüfung) vorbereitete, und in Hinblick auf den Mangel an Lehrern in öffentlichen Schulen entwarfen Sie mit uns das Konzept, Kursgruppen zusammenzustellen, in denen speziell auf eine Aufnahmeprüfung an einer Hochschule zugearbeitet wurde.

Dieses Konzept passte dann auch für diejenigen, die eine Aufnahmeprüfung am hiesigen Pfarrvikar-Seminar (der späteren Theologischen Akademie) bestehen wollten.

Erst im Herbst 1971 kam es zu dem ersten Hochschulvorkurs, der sich ausschließlich dieser Aufgabe widmete. Zum selben Zeitpunkt wurde auch die erste Fachoberschulklasse 12 Sozialwesen[4] bei uns eröffnet.

Ihr Denken in Konzepten zeigte sich ferner im Aufgabenbereich der Heimvolkshochschulen in Niedersachsen und für die ganze Republik. Sie arbeiteten mit im Pädagogischen Beirat des Verbandes der ländlichen Heimvolkshochschulen und waren verantwortlich für dessen Schriftenreihe 1967 und 1970.

Im dem 1967er Heft griffen Sie mit dem Beitrag „Die Ländliche Heimvolkshochschule evangelischer Prägung" den von Ihnen oft zitierten Ausspruch von Georg Haccius aus dem Jahre 1918 auf: *„Vorstellungen von dem beschränkten Untertanenverstand, von dem allmächtigen Landrat, von der Pastorenkirche und dergleichen müssen verschwinden"* und entwickelten das Anliegen von Haccius weiter zu einem Konzept für die evangelischen Heimvolkshochschulen auf dem Lande und ihre Situation in den sechziger und siebziger Jahren.

Als Sie 1966 zum Vorsitzenden des Niedersächsischen Landesverbandes der Heimvolkshochschulen gewählt wurden, waren Sie damit gleichzeitig eingebunden in die Vorbe-

reitung eines Erwachsenenbildungsgesetzes für das Land Niedersachsen. In diesem Gesetz sollte es nicht nur um Platz und Rang einer Erwachsenenbildung überhaupt geben, um staatliche Förderung und finanzielle Absicherung, sondern auch um die Anerkennung einer Evangelischen Erwachsenenbildung als landesweiter Organisation.

Kein Wunder also, dass Sie 1971 ins Landeskirchenamt berufen wurden, um an Stellen mitzuwirken, bei denen neue Konzepte gefragt waren, und dies nicht nur im Bereich der Erwachsenenbildung, sondern auch der Mission.

Wer sich noch ausführlicher über diese Zeit mit Johannes Hasselhorn informieren will, kann das in dem Kapitel nachlesen, das Martin Müller 1994 in dem Buch zur Fünfundsiebzig-Jahr-Feier geschrieben hat.

Ich möchte schließen mit zwei Sätzen, mit denen Sie einen Leserbrief beendet haben, der am 10. August 2014 in der „Celleschen Zeitung" veröffentlicht wurde: *„Warum wehren wir uns so heftig gegen Veränderungen, die in die Zukunft weisen? Christen sind Zukunftsmenschen."*

Ich danke Ihnen, Herr Hasselhorn, für diesen ermutigenden Ausblick und Ihnen allen fürs Zuhören

Albrecht Schack

5.6 Fritz Hasselhorn, Erinnerungen an das Missionsseminar

Mit dem Missionsseminar kam es nicht zu einer ähnlichen Kooperation wie mit den anderen Bildungseinrichtungen in Hermannsburg, obwohl beide Einrichtungen zur Missionsanstalt gehörten. Johannes Hasselhorn unterrichtete im siebenjährigen Bildungsgang des Missionsseminars in einem Jahr eine Doppelstunde Entwicklungssoziologie. Ich habe später viele Missionare kennen gelernt, die aus diesem Unterricht wichtiges Handwerkzeug für eine Auseinandersetzung mit ihrer Umwelt gewonnen hatten. Im gesamten stark philosophisch ausgerich-

---

[4]In dieser Klasse konnte ich meine ersten Unterrichtserfahrungen als Lehrer im Fach Mathematik sammeln. F.H.

teten Bildungsgang[5] blieb die Entwicklungssoziologie aber bestenfalls eine vorübergehend geduldete Kuriosität.

Die Ablehnung der Lehrerschaft kam in dem Schimpfwort zum Tragen, an der Heimvolkshochschule würde nur **Erste-Artikel-Theologie** betrieben, d.h. während der Schöpfergott noch vorkäme, seien die Aussagen zu Jesus Christus und dem Heilgen Geist dort vernachlässigbar. Ob diese Differenzen nur Ausdruck persönlicher Spannungen oder Ausdruck eines grundsätzlichen Gegensatzes zwischen demokratischer Partizipation und elitärer Gemeinschaftsbildung waren, ist bis jetzt noch nicht systematisch untersucht worden.

5.7 Johannes Hasselhorn, 20 Jahre vertiefte Gespräche - ein Altschülerkreis

Nach einer Altschülertagung (1962 oder 1963) meinte der Vereinsvorsitzende Gustav Isernhagen, Ubbendorf, eigentlich müsste man sich als Laie noch viel mehr mit der Bibel befassen. Andere stimmten ihm bei, sonders Schriftsetzer Otto Kruse, Tischlermeister Hermann Kruse, beide aus Hermannsburg, die Landwirte Hermann Wrogemann, Hof Wroge (an der B3), sowie Christoph Kohlmeyer und Heinrich Grünhagen in Lührsbockel (bei Soltau). Sie sind es auch, die den Kreis über Jahre getragen haben. Meine Frau und ich luden sie mit ihren Ehepartnern, zum Teil auch Altschülerinnen, und anderen zu uns ins Pfarrhaus ein. Wir waren uns einig, dass der Glaube an Christus immer wieder neu geweckt, gestärkt und vor Unglauben oder Falschglauben bewahrt werden müsse. Das Andere aber ist genau so wichtig: wir müssen über unseren Glauben im Alltag Bescheid wissen. Dazu bedarf es auch Informationen, die in der Predigt des Gottesdienstes kaum vorkommen können. Die Bibeltexte, die in der lutherischen Predigtordnung vorgeschlagen werden, bilden eine hervorragende Hilfe zur Einübung in das Kirchenjahr. Da alle drei lutherischen Gemeinden in Hermannsburg (Landes-

wie Freikirchen) über dieselbe liturgische Ordnung verfügen, einigten wir uns, bei unseren zwei- bis dreiwöchentlichen Treffen jeweils den Predigttext des kommenden Sonntags zu betrachten, nach einer Einführung von mir. Jeder Abend begann und schloss mit Lied und Gebet. Danach war noch allgemeiner Austausch, um sich in den alltäglichen Sorgen und Nöten nahe zu sein und sich so gegenseitig zu stärken. Und Gastlichkeit war ein besonderes Kennzeichen der Abende! Wir trafen uns abwechselnd in unseren Häusern in Hermannsburg, in Wroge, in Lührsbockel oder in Ubbendorf (bei Hoya).

Oft berichtete ich von einem meiner Lehrer an der Universität Göttingen, Professor Iwand. Damals waren seine ,Nachgelassenen Werke' herausgekommen. Zu Weihnachten 1967 schenkte mir der Kreis Iwands ,Predigt-Meditationen'. Neben der Bibel habe ich kein Buch öfter aufgeschlagen als diese Meditationen.

Im Sommer 1967 habe ich in der Schule in einem freiwilligen Arbeitskreis Iwands Büchlein ,Glaubensgerechtigkeit nach Luthers Lehre' durchgearbeitet. Diese Schrift hatte Iwand 1941 für Martin Niemöller im Konzentrationslager geschrieben. Es war also kein Text für die Wissenschaft, sondern ein Trostbüchlein und kann noch heute bei einiger Konzentration auch von Laien mit Gewinn gelesen werden. Der Altschülerkreis bat darum, es auch lesen zu dürfen. So haben wir es in $1\frac{1}{2}$ Jahren durchgeackert. Jede und jeder im Altschülerkreis hatte in einen Abschnitt einzuführen. Das war nicht immer leicht, denn die Ausführungen Iwands sind in einer Fachsprache geschrieben, die hohe Aufmerksamkeit erfordert und über unsere Alltagssprache weit hinausgeht. Auch nach meinem Eintritt ins Landeskirchenamt Hannover im April 1971 blieb der Kreis beisammen, meine Frau und ich konnten von Brelingen aus, wo wir dann wohnten, dabei sein. Er löste sich erst zum Sommer 1982 mit meinem Dienstbeginn in Stuttgart auf.

Wir blicken alle dankbar auf diese gemeinsamen Jahre zurück.

Johannes Hasselhorn

---

[5]Dazu mehr in 6.3 Zum Theologischen Standpunkt der Missionsanstalt Hermannsburg

Mit „Hanneröschen" Lange (später verheiratete Isernhagen) im Sekretariat der Heimvolkshochschule

5.8 Gustav Isernhagen, Nachruf, 2022

Nachruf für Pastor i.R. und OLKR **Johannes Hasselhorn**, Hermannsburg *11.08.1924/†14.03.2022

Liebe Geschwister Hasselhorn, liebe Groß- und Urgroßkinder des Verstorbenen, liebe Angehörige, liebe Trauergemeinde,

wir sehen heute auf 97 Jahre zurück, ein „reiches Leben" hat der Verstorbene selbst es genannt. Davon hat Johannes Hasselhorn seinen langen Ruhestand hier in Hermannsburg verbracht. Die Hermannsburger sind ihm regelmäßig sonntags hier in der, in seiner Kirche begegnet. Wir anderen sahen ihn im Bildungszentrum oder, wie er wohl immer noch lieber gesagt hätte, in seiner Volkshochschule.

Wenn jemand nach einem langen und vielfältigen Berufsleben seinen Alterswohnsitz dort wählt, wo er (nur) zwölf Jahre gewirkt hat, muss dieser Abschnitt besonders prägend gewesen sein. So hat er es wohl empfunden. Für uns jedenfalls war es eine reiche Zeit.

Wenn ich mich jetzt um einen würdigenden Rückblick bemühen soll, zeigt das, dass von den aktiv Mitarbeitenden an der Heimvolkshochschule in der Zeit seiner Schulleitung von 1960 bis 1972 außer Dr. Albrecht Schack und zwei Sekretärinnen kaum noch jemand unter uns ist. Darum hatte ich auch meine Frau - eine von den beiden - gebeten, ob sie nicht vielleicht ... - Sie hat ein Sprachrohr gefunden!

Was danken wir Johannes Hasselhorn be-

sonders, wo lagen seine Schwerpunkte, seine Stärken, was hat er uns hinterlassen?

- Im April 1960, als mein Fünfmonatskurs gerade geendet hatte, bezog Familie Hasselhorn mit vier Kindern das Haus Feldweg 4[6] und der Familienvater stürzte sich in die Arbeit - von der Morgenandacht in der Kapelle über den Unterricht im Sommerkurs 1960, von Vorträgen an den Nachmittagen, Predigten an den Sonntagen und - nicht zu unterschätzen - die umfangreiche Verwaltungsarbeit. Da mussten beim Land und von der Kirche Mittel beschafft werden, das Gästehaus wurde gebaut, und schon bald begannen die Vorarbeiten für ein Niedersächsisches Erwachsenenbildungsgesetz, zu dessen Vätern er sich später zählen durfte. - Johannes Hasselhorn war nicht nur äußerst fleißig, sondern in der Erledigung der vielfältigen Aufgaben auch sehr geschickt.

- Ich habe die Worte meiner Frau im Ohr: Am Dienstagvormittag war Diktat. „Kleiner oder großer Bogen" (kurzer oder langer Brief) fragte sie ihn und so lief es ein paar Stunden. „Einen so guten Chef habe ich nur einmal gehabt", so bestätigt sie heute noch. Vielleicht ist es auch Elisabeth Stegen so gegangen.

- In dem Band „Bildung zum Leben" von 1994 heißt es zu diesem Abschnitt der Heimvolkshochschule; *„Mit ihm wurde gewissermaßen ein neues Kapitel der Geschichte des Hauses begonnen, dessen vielleicht wichtigstes Ereignis die Demokratisierung der Strukturen im Zusammenleben der gesamten Mitarbeiterschaft war."*

- Das kann ich bestätigen, da es auch die mit Ehrenamtlichen besetzten Organe und damit ab 1967 auch mich betraf. Wer damals und später dabei war, mag es wie ich empfunden haben, die Vorstandssitzungen mit diesem Schulleiter waren keine Last, sie haben Spaß gemacht, man wurde in die Verantwortung einbezogen.

---

[6]zunächst Lutterweg 16 unten, dann Feldweg 2

- Ich war also nicht Schüler unseres verehrten Verstorbenen. Aber ich erinnere mich an viele anerkennende bis begeisterte Stimmen seiner Schülerinnen und Schüler. Johannes Hasselhorn stand mit beiden Beinen auf der Erde, das prägte seine Lebenskunde- und Glaubenshilfestunden. Da sprach ein Theologe und früherer Marineoffizier - ein tiefgläubiger Christ - nicht über die Köpfe hinweg, sondern in die Herzen hinein.

- Je länger er in Hermannsburg war, desto stärker entwickelte Johannes Hasselhorn auch eine Liebe zur Mission. Ein Beispiel dafür: Im Rundbrief zu Advent 1966 warb er bei der Altschülerschaft um Spenden für einen neuen UNIMOG für Äthiopien. Unser Altschüler Herbert Lübbecke sollte ihn zu seinem Dienstbeginn in Tschallia vorfinden. Seine Altschüler*innen haben ihn nicht enttäuscht. Das Folgeprojekt betraf dann unsere Altschülerin Schwester Marie Meyer in Südafrika.[7]

- 1971 wechselte der Verstorbene nach Hannover, jetzt mit seiner lieben Frau und sechs Kindern. Im Landeskirchenamt übernahm er als Dezernent die Bereiche Mission und Erwachsenenbildung; so ging es vorwärts, aber er konnte seinen Arbeitsfeldern treu bleiben.

- Vor dem Ruhestand hat Johannes Hasselhorn dann noch einen längeren Abschnitt in der Württembergischen Landeskirche abgeleistet, nach meinem Eindruck für ihn noch einmal eine sehr erfüllende Zeit.

- Und die mehr als 30 Jahre danach hat er hier und in Württemberg mit unterschiedlichen Tätigkeiten ausgefüllt, u.a. mit der Schriftleitung des ökumenischen Andachtsbuches „Mit der Bibel durch das Jahr". - Als er diese Aufgabe übernahm, waren die Frauen als Autorinnen absolut in der Min-

derheit, als er sie abgab, hatte sich das Bild gründlich geändert.

- In diesen letzten Wochen habe ich zweimal an seinem Bett gesessen - danke Jost. Die Stunden waren für den Besucher nicht schwer. Da lag ein alter Mann, klaren Verstandes, nach wie vor mit Freude am Austausch, aber immer wieder auch den stolzen Großvaterblick auf die zahlreichen Familienfotos an den Wänden um ihn herum gerichtet.

- Auch für diese Stunden bin ich ihm sehr dankbar und empfehle ihn den Gnade unseres Vaters im Himmel an. Den Angehörigen sage ich, auch im Namen des Evangelischen Bildungszentrums Hermannsburg, seiner jetzigen und ehemaligen Mitarbeiterinnen und Mitarbeiter und aller früheren Schülerinnen und Schüler „Herzliche Anteilnahme".

Gustav Isernhagen

> „Gott hat uns nicht gegeben den Geist der Furcht, sondern der Kraft und der Liebe und der Besonnenheit!"
> (2. Timotheus 1,7)

Am 14. März 2022 verstarb im 98. Lebensjahr
unser ehemaliger Schulleiter (1960–1972)

Johannes Hasselhorn

Wir danken ihm für seinen Dienst und
befehlen ihn der Liebe Gottes an.

**Evangelisches Bildungszentrum
Hermannsburg – Heimvolkshochschule**

Traueranzeige des Evangelischen Bildungszentrums Hermannsburg (Heimvolkshochschule)

---

[7]Marie Meyer war Missionskrankenschwester. Die Altschülerschaft finanzierte ihr das Medizinstudium. Sie arbeitete später als Ärztin jahrzehntelang am Missionskrankenhaus Ramoutsa/Botswana.

6 Landeskirchenamt Hannover

6.1 Johannes Hasselhorn, 45 Bilder aus 90 Jahren, Teil 5

Hannover Landeskirchenamt 1971

Zum 1.4.1971 wurde ich nach Hannover ins Landeskirchenamt berufen. Meine Aufgaben: Aufbau kirchlicher Erwachsenenbildung, landesweite Kurseelsorge, Aufbau von Lebensberatungsstellen, neben kleineren Aufgaben. Nach Verhandlungsschluss wurde nachgeschoben: Mission. Meine heftige Gegenwehr nützte nichts. Man erwartete in diesem Arbeitsfeld nichts Wichtiges.

Altenau 1974

Sonntags war ich viel unterwegs zu Predig-

ten an Kurorten oder zu Missionsfesten. Die Gemeinden sollten wissen: Auch das Landeskirchenamt steht geistlich zur Mission. Schließlich scheiterte ich an diesem Amt an meiner Vision, dass nach Ludwig Harms die Gemeinden Träger der Mission sind.

Dienstreise nach Äthiopien

Als Dienstfahrzeug muss auch einmal ein Esel genügen.

Gudina Tumsa mit Frau 1979

Gudina Tumsa war Generalsekretär der Mekane-Yesus-Kirche in Äthiopien. Wahrscheinlich das letzte Bild vor seiner Ermordung durch die rote Regierung. Bei ihm habe ich eindrücklich gelernt, dass ernstes Gebet und aufrechtes politisches Handeln für Unterdrückte zusammen gehören.

Tansania 30.9.1979

Mit Oberkirchenrat Krause zur Visitation der VELKD in Tansania, hier mit Frau Mshane.

Tansania 1979

Mit Bischof Mshane und einem Pastor. Der Bischof hielt in seiner Diözese regelmäßige theo-logische Gespräche mit den muslimischen Imamen. Da konnte ich viel lernen.

6.2 Johannes Hasselhorn, Auf dem Weg zu einem niedersächsischen Missionszentrum

(Hermannsburg, 7. Juli 1971) Ludwig Harms war für die Hermannsburger Mission immer der Auffassung, dass die Kirche, die in Übersee entstehen werden, nichts anderes sein könne, als ein Teil der evangelisch-lutherischen Landeskirche Hannovers. ... Der entsagungsvolle und entbehrungsreiche Dienst von Männern und Frauen, die sich von Hermannsburg haben aussenden lassen, hatte tatsächlich zur Folge, dass eigenständige Gemeinden und Kirchen in Übersee geworden sind. ... Überall, wo Hermannsburger Missionare gearbeitet haben, haben sie darüber hinaus, besonders in den letzten 10 Jahren, sich mit der Missionsarbeit anderer lutherischer Kirchen zusammengeschlossen und die Gemeinden mehr und mehr angeleitet, sich in freier Weise als Synoden und selbständige Kirchen zu verstehen. Das gilt auf den beiden Hauptfeldern der Hermannsburger Mission sowohl in Südafrika als auch in Äthiopien. ... Das Interessante in Äthiopien ist, dass darüber hinaus sich verschiedenste lutherische Synoden zusammen geschlossen haben zur evangelischen Mekane-Yesus-Kirche. Damit ist das geschehen, was die Väter der Mission erbeten und erkämpft habe: Eigenständige lutherische Kirchen. Dabei kann z.B. schon in den genannten Kirchen von einer Gleichartigkeit oder von einer gleichen Entwicklung nicht die Rede sein sein. Vielmehr muss in jeder Kirche, wo auch immer sie entstanden ist, mitbedacht werden, wie sie ihre eigene Antwort auf das Evangelium gibt, welche Voraussetzungen bei ihr zur Kirche geführt haben und wie sie sich selbst in ihrem Bereich als Kirche verstehen. ... Diese andersartigen Entwicklungen müssen grundsätzlich respektiert werden, dann wir haben kein Recht, unsere Vorstellungen und Formen von Kirche anderen Menschen aufzuzwingen. ...

Die Frage taucht für alle Beteiligten auf, ob für diese selbständig gewordenen Kirchen die Missionsanstalt als eine freie Gesellschaft noch der rechte Partner der Kirchen in Übersee ist. Mit anderen Worten: Der Missionserfolg muss kirchlich bewältigt werden. Die Eigenständigkeit der Kirchen in Übersee muss ernst genommen werden, nicht nur organisatorisch, sondern vor allen Dingen auch theologisch. Es müssen z.B. die führenden Männer der Kirchen hier und in Übersee immer wieder die Möglichkeit haben, sich miteinander über das Wachstum von Kirche auszutauschen, ohne auf wirtschaftliche und organisatorische Fragen Rücksicht nehmen zu müssen. ...

Wir als europäische Kirchen haben von diesen überseeischen Kirchen eine Fülle zu lernen. Diese Kirchen haben oftmals an sich einen Zug urchristlichen Lebens. Sie wissen, was Armut heißt; in ihnen gibt es Gebetserfahrungen und Erhörungen; der Gottesdienst ist für sie Freude und Befreiung in einem; die Bekehrung ist für sie ein Akt neuen Lebens in dieser Welt und sie machen die Erfahrung mit Dämonen und mit Heilungen, über die wir aufgeklärten Europäer auch als Christen manchmal nur noch mit einem Lächeln hinweg gehen. Wir haben uns der geistlichen Erfahrung dieser Kirchen demütig zu beugen.

Der Missionsrat der Ev.-luth. Landeskirche Hannovers ... hat in seiner Sitzung am 14. Juni 1971 gebeten, dass folgende Grundsätze für die Organisation eines Missionszentrums bedacht werden möchten:

- Die konfessionelle Bindung des Missionszentrums muss eindeutig geklärt bleiben. ...

- Die bisherigen Missionsfreunde und Missionsgemeinden müssten die Möglichkeit haben, sich an diesem Missionszentrum auch weiterhin zu engagieren. ... Gleichzeitig aber muss diese Basis erweitert werden in allen Kirchengemeinden und kirchlichen Werken der hier zusammengeschlossenen Kirchen.

- Die Verbindung zur Oekumenischen Diakonie muss sorgfältig mit einbezogen werden

...

- Die Kontakte zu den überseeischen Kirchen müssen sorgsam gepflegt werden. Da das Missionszentrum ein Arbeitszentrum ist, muss es auch möglich sein, dass die direkten Kontakte der Kirchenführer unbelastet von den Verhandlungen des Missionszentrums von statten gehen könnten. Gleichzeitig aber müssen überseeische Kirchen arbeitsmäßig am Missionszentrum beteiligt sein.

6.3 Zum Theologischen Standort der Missionsanstalt Hermannsburg

(10.6.1972) **Vorbemerkung F.H.:** *Wohl in Abwehr der Vorstellungen des landeskirchlichen Missionsrates zum Weiterentwicklung der Missionsanstalt zu einem niedersächsischen Missionszentrum (siehe voriger Text) berief der Missionsausschuss eine Theologische Kommission aus den Lehrern des Missionsseminars, dem Missionsdirektor und weiteren Theologen der Missionsanstalt, um das Selbstverständnis der Hermannsburger Mission herauszuarbeiten. Johannes Hasselhorn als zuständiger Oberlandeskirchenrat wurde zu den Beratungen der Kommission hinzugezogen, war aber offenbar mit den Ergebnissen an vielen Stellen nicht einverstanden, wie aus seinen handschriftlichen Anmerkungen ersichtlich ist. Im Folgenden werden einige der Thesen abgedruckt sowie kursiv die handschriftlichen Notizen von Johannes Hasselhorn, die er nachträglich in sein gedrucktes Exemplar eintrug:*

Von entscheidender Bedeutung für die Kirche und Mission ist dabei die Begegnung mit dem ersten fremden Volk, nämlich mit dem griechischen Volk und seiner Kultur und seiner Philosophie geworden. Die grundlegende Urkunde des Kirche, das Neue Testament, ist nicht in der Sprache Jesu Christi oder des Alten Testaments, sondern in griechischer Sprache geschrieben. Das kann nur als von Gott gewollt angesehen werden. *Prämissen Theologisch und*

Philosophisch

In der griechischen Kultur ist schon früh nach einer besonderen, in der Geschichte der Menschheit einmaligen Weise nach Gott gefragt worden. Es war die Frage nach dem Sinn des Ganzen und nach dem Sein von etwas Absolutem in der Welt des Relativen, das im Werden und Vergehen aller Dinge festen Bestand hat. In diesem fragenden Denken ist zuerst der Begriff eines absoluten, alles umfassenden Seins entdeckt und ständig neu entfaltet worden. *Ist das allgemein gültig? Über Schrift + Bekenntnis steht Ontologie[1]. Bartholomae: Am griechischen Denken vorbei gibt es auch keine afrikanische Theologie, auch keine Technik. Frage: Ist die Ontologie hier nicht die Norma normans[2]? Bartholomae: Philosophie ist unser Schicksal! Hier ist das proprium[3] des Hermannsburger Seminars. Theologie ist im Grunde nichts anders als christliche Philosophie! ...*

II. Der Auftrag der Mission *Situation der Missionsanstalt Hermannsburg: Contra ÖKR[4] und Bangkok[5] An der Missionsanstalt Hermannsburg hängen Kirchen und diakonische Institutionen, die die Missionsanstalt Hermannsburg nicht mehr selber bewältigen kann.*

III. Die Frage nach der Gestalt der Mission wird seit der Einordnung des Internationalen Missionsrates in den Ökumenischen Rat in Neu-Delhi immer wieder neu erörtert. Das Problem der sog. Integration von Kirche und Mission ist in den verschiedenen Kirchen in verschiedener Weise verhandelt und gelöst worden. ... Der theologische Pluralismus, der die großen Kirchen kennzeichnet, ist auch in die Missionen eingezogen und hat ihnen nicht wenig von ihrer Dynamik genommen. Dazu kommt weiter, dass das Hirtenamt der verfassten Kirche oft das Leitbild für das Missionarsamt abgibt. Dadurch

nimmt es diesem seine auf die Gewinnung von Heiden und Ungläubigen ausgerichtete Eigenart und seinen Trägern ihr Selbstverständnis und die Freude an ihrem Dienst. *Kirche ist Ausgang und Ziel der Mission. Heide ist theologischer Begriff (nachchristliche Ungläubige sind theologisch nicht Heiden)*

... Doch während der Pastor mit dem Evangelium vornehmlich an eine Gemeinde gebunden ist, folgt der Missionar einer charismatischen Berufung, die ihn über parochiale, sprachliche, völkische oder kulturelle Grenzen hinaus und gerade zu den Heiden und Nichtchristen führt. *zu Gemeinden in Übersee! P. verantwortlich für seelsorgerliches Amt in Gemeinden ...*

Um die Eigenart des Missionarsamtes zu bewahren, scheint uns die Form des freien Werkes besonders gut geeignet. Es ist unsere Überzeugung, dass diese Gestalt sowohl der theologischen Ausbildung als auch der geistlichen Betreuung der Missionare in unserer heutigen Situation am ehesten gerecht werden kann. ...

Da wir die Hermannsburger Mission als von Gott gewollt und bestätigt ansehen, fühlen wir uns verpflichtet, dies Werk im Geist seines Ursprungs zu wahren und weiterzuführen. *Präs. Dr. Brunotte: funktionell, aber nicht grundsätzlich zu unterscheiden, was Pfarramt + Missionarsamt ist, beide haben Zielsetzung: Gemeinde!*

Fazit F.H.: *Seine Kritik lässt sich in drei Punkten zusammenfassen:*

- *Theologisch stellt die Missionsanstalt die platonische Philosophie als grundlegende Norm über die Bibel und das reformatorische Bekenntnis.*

- *Die Missionsanstalt übersieht konsequent, dass sie es in Übersee mit selbständigen Kirche und Gemeinden zu tun hat, denen auf gleicher Augenhöhe zu begegnen ist.*

- *Die finanziellen Anforderungen übersteigen längst die Möglichkeiten eines freien Werkes.*

Entscheidend ist für ihn die Partizipation der Gemeinden hier und in Übersee.

---

[1] Lehre vom Sein

[2] der Maßstab, an dem alles zu messen ist; nach Luthers Auffassung die Bibel

[3] was die Identität ausmacht

[4] Ökumenischer Rat der Kirchen

[5] Auf der Weltmissionskonferenz in Bangkok setzten sich die Delegierten intensiv mit Ausbeutung und Ungerechtigkeit in den Beziehungen zwischen der Ersten und der Dritten Welt auseinander. Die afrikanischen Kirchen schlugen ein befristetes Moratorium für den Transfer von Geld und die Entsendung von Missionaren vor.

6.4 Fritz Hasselhorn, Erinnerungen an die Zeit in Hannover

1970 wurde das Niedersächsisches Erwachsenenbildungsgesetz verabschiedet. Er regelte die finanzielle Unterstützung der verschiedenen Träger der Erwachsenenbildung durch das Land Niedersachsen, wobei das Recht auf selbständige Gestaltung des Lehrplans, die freie Auswahl der Mitarbeiter und die Freiheit der Lehre im Gesetz festgeschrieben wurden. Als Vorsitzender des Verbands der Heimvolkshochschulen und Mitglied der Achter-Kommission des Kultusministeriums war Johannes Hasselhorn maßgeblich an der Ausformulierung des Gesetzes beteiligt.

Die Landeskirche Hannovers wollte die Möglichkeiten, die das Gesetz den Trägern der Erwachsenenbildung bot, möglichst gut nutzen und berief ihn deshalb 1971 als Oberlandeskirchenrat mit dem Schwerpunkt „Erwachsenenbildung" in das Kolleg[6]. Im Einstellungsgespräch wurde ihm dann beiläufig mitgeteilt, dass er auch den Bereich „Mission und Ökumene" übernehmen solle. Auf seinen Einwand, dass sei doch ein sehr umfangreiches Sachgebiet, entgegnete der Geistliche Vizepräsident: „Ach was, mehr als der Bunnemann (der Vor-Vorgänger) brauchen Sie da nicht zu machen. Sie fahren einmal im Jahr mit einem Scheck zum Missionsfest."

Als Leiter der Heimvolkshochschule war Johannes Hasselhorn Gast im Missionsausschuss gewesen. Nun sollte er als Oberlandeskirchenrat die Dienstaufsicht über den Missionsdirektor führen. Um sich die notwendige Sachkenntnisse anzueignen, fuhr er für ein paar Monate auf Dienstreise nach Äthiopien und Südafrika. Die Folgerungen aus seinen Erfahrungen dort führten auch inhaltlich zu Konflikten mit der Missionsanstalt, die über die theologischen Differenzen (dazu der vorige Text) hinausgingen:

- In den Verfassungen der südafrikanischen Missionskirchen (damals oft als „junge Kirchen" bezeichnet) gab es Kirchenleitungen mit einem Bischof an der Spitze. Diese Bischöfe unterstanden aber dem Missionsdirektor in Hermannsburg. Der Missionsdirektor griff auch direkt in diese Kirchen ein. So visitierte er Missionare, ohne das der betreffenden Kirchenleitung auch nur anzuzeigen, oder die Missionsanstalt schloss Verträge mit Teilen der Kirche, ohne die jeweilige Kirchenleitung zu beteiligen. Johannes Hasselhorn war der Meinung, dass die jungen Kirchen auf Augenhöhe zu behandeln seien. So sei der erste Ansprechpartner für die afrikanischen Bischöfe der hannoversche Landesbischof und die Missionsanstalt eine dienstleistende Stelle.

- Vor allem in der südafrikanischen Mitarbeiterschaft war das Gedankengut der Apartheid noch stark verbreitet. So erlebte Johannes Hasselhorn auf einer Konferenz der Missionare der Tswana-Diözese mit Bischof Rapoo, dass nach dem gemeinsamen Mittagessen dessen Geschirr gesondert abgedeckt und dann in den Mülleimer geworfen wurde mit der Begründung, man könne doch keinem Weißen zumuten, von einem Teller zu essen, von dem ein Schwarzer gegessen habe. In der weißen Gemeinde in Kroondal predigte er am 2. Weihnachtstag 1975 über Joel 3, Vers 1-2[7] und sagte, seine Vision sei, dass die weißen Kinder Kroondals gemeinsam mit den Kindern ihrer Farmarbeiter Gott mit Posaunen loben würden, wenn Gott seinen Geist ausgieße. Das regte die Gemeinde so auf, dass er ohne Mittagessen wieder abfahren musste.[8]

- Johannes Hasselhorn hielt es für notwendig, das Missionsseminar in eine Fachhochschule umzuwandeln und auch für überseeische Studierende zu öffnen. Dieses wurde erst 35 Jahre später mit der Gründung der Fachhochschule für Interkulturelle Theologie (FIT) umgesetzt.

---

[6] entspricht in Württemberg dem Oberkirchenrat

[7] Und nach diesem will ich meinen Geist ausgießen über alles Fleisch, und eure Söhne und Töchter sollen weissagen, eure Alten sollen Träume haben, und eure Jünglinge sollen Gesichte sehen. Auch will ich zur selben Zeit über Knechte und Mägde meinen Geist ausgießen.

[8] Inzwischen ist seine Hoffnung in Erfüllung gegangen.

- Er trat dafür ein, die Missionare - wie die hannoverschen Pastoren - bei der Niedersächsischen Kirchlichen Versorgungskasse (NKVK) zu versichern, um sie nach ihrer Rückkehr einfacher in den Dienst der Landeskirche übernehmen zu können. Sein Ziel war, die zurückkehrenden Missionare über die Fläche der Landeskirche zu verteilen, um den Gedanken der Mission möglichst weit zu verbreiten. Die Missionsanstalt hielt lieber an der eigenen Altersversorgung fest. Lediglich drei rückkehrende Missionare pro Jahr konnten in die Landeskirche übernommen werden. Die übrigen mussten in Hermannsburg weiter beschäftigt werden.

Zwar wurde 1977 das Evangelisch-Lutherische Missionwerk (ELM) in Hermannsburg unter seiner maßgeblichen Mitarbeit gegründet, damit waren die Konflikte aber nicht ausgeräumt.

Als Johannes Hasselhorn im Auftrag aller evangelischen Landeskirchen die Geschäftsführung des Missionarischen Jahres 1980 übernahm, wurde er von seinen Aufgaben im Landeskirchenamt freigestellt. Nach der Rückkehr erhielt er nicht sein altes Dezernat, sondern statt dessen die Zuständigkeit für die Diakone, für die Polizei- und Feuerwehrseelsorge und andere Sachgebiete.

1982 erhielt er dann das Angebot der Württembergischen Landeskirche, die Leitung der Missionarischen Dienste in Stuttgart zu übernehmen. Das Merkwürdige war, dass diese Position deutlich niedriger eingestuft war als sein bisheriges Amt. Er erfuhr von den Württembergern: „Nachdem wir erfahren haben, dass Sie zu haben sind, haben wir angefragt." Offenbar waren führende Personen in Hannover daran interessiert, ihn loszuwerden. Das bedrückte ihn. Andererseits war er der Meinung, dass es keine wichtigere Aufgabe gäbe, als Menschen Mut zu machen zum Glauben an Jesus Christus. Dafür wollte er sein restliches Leben einsetzen. Das waren die Gründe für seinen Wechsel nach Stuttgart.

6.5 Johannes Hasselhorn, Partnerschaft zwischen alten und jungen Kirchen

Am Beispiel der Ev. Kirche Mekane Yesus in Äthiopien mit der Ev.-luth. Landeskirche Hannovers.

in: botschaft und dienst, Zeitschrift für Erwachsenenbildung, 1/1978

Äthiopien: ... Nach der Absetzung des Kaisers Haile Selassi im September 1974 hat ein vorläufiger, militärischer Verwaltungsrat die Regierung übernommen. Vorsitzender des Militärrates und Staatspräsident ist Oberstleutnant Mengistu Haile Mariam, der führende Kopf der sozialistischen, bewusst atheistischen Revolution in Äthiopien. 85 Prozent der Bevölkerung leben von der Landwirtschaft. Die Auswirkungen der Landreform, die im März 1975 die verworrenen Besitz- und Pachtverhältnisse beseitigte, sind sehr unterschiedlich. Industrie ist kaum entwickelt. Etwa 50 Prozent der Bevölkerung gehören zur äthiopisch-orthodoxen Kirche, die seit dem 4. Jahrhundert das Christentum in Äthiopien bewahrt hat. Rund 30 Prozent sind Moslems. Katholische Christen leben etwa 150.000 im Lande, evangelische mehr als 450.000.

Die Evangelische Kirche Mekane Yesus (ECMY) ist aus der Arbeit lutherischen Missionen aus Schweden, Norwegen, Dänemark, Amerika und Deutschland hervorgegangen. Sie wurde 1959 mit 20.000 Gliedern gegründet. Heute hat sie über 300.000 Glieder und ist eine weiter wachsende Kirche. Sie ist in sieben Synoden aufgeteilt, von denen drei im Westen liegen, zwei im Süden, eine in Addis Abeba und eine in dem mittleren Landesteil. Der Name „Mekane Yesus" kommt aus der alten Kirchensprache Äthiopiens und heißt: „Der Ort, da Jesus wohnt". Der Präsident der Kirche ist ein Laie, Ato Emmanuel Abraham, zuletzt Bergbauminister unter dem Kaiser. Er saß mehrere Monate in Haft, wurde aber im Januar 1975 entlassen. Die Regierung konnte ihm keine Korruption in seiner Amtszeit nachweisen.

Er ist eine der großen geistlichen Führungskräfte der Kirche im heutigen Afrika. Neben ihm stehen der Generalsekretär der ECMY, Pfarrer Gudina Tumsa, der zusammen mit dem Präsidenten der Westsynode Mag. theol. Tasgara Hirpo 1972 den Lutherischen Weltbund überrascht hat mit einer sorgfältigen Studie über das Verhältnis von Verkündigung des Evangeliums und der menschlichen Entwicklung. Dieses Dokument der Kirchenleitung zeigt etwas von der Reife und Tiefe theologischen Denkens jener lutherischen Kirche im ärmsten Armenhaus der Welt.

Das schnelle Wachstum der ECMY ist nicht so sehr das Ergebnis geplanter evangelisch missionarischer Arbeit gewesen, sondern vielmehr das Ergebnis spontaner Zeugnisse von Kirchengliedern oder des Rufes an die Kirche aus neuen Gebieten, dorthin zu kommen und zu helfen.

Das Hauptproblem liegt in der geistlichen Versorgung der Gläubigen, die ihr zuströmen. Im Augenblick bestehen 600 Jugendgruppen mit ca. 30.000 Mitgliedern. Die Frauenarbeit geht voran. Gruppen, die dem Glauben im Gesang, in der Musik und im Drama neue und kulturell einheimische Züge geben, breiten sich aus, wie auch die Sozial- und Bildungsarbeit. 1975 wurden mehr als 100.000 Menschen durch die Kirche unterrichtet, in Alphabetisierungsschulen, in 25 Volksschulen, 10 Realschulen, zwei Lehrerseminaren, einer Höheren Schule und einem Lehrerseminar für Realschüler. Die Kirche unterhält vier Landwirtschaftsschulen, fünf Handwerkerschulen und vier Hauswirtschaftsschulen für Mädchen. Sie hat fünf Krankenhäuser und 30 Kliniken. Angesichts der Hungersnot hat die Kirche ihre Entwicklungsaktivitäten konzentriert auf die Linderung des Elends der Opfer; in Zusammenarbeit mit der äthiopischen Regierung betreibt die ECMY kleine, aber möglichst umfassende Programme für ländliche Entwicklung, an der sich etwa 20.000 Bauern im Jahre 1975 beteiligt haben.

Vor genau 50 Jahren begann die Missionsanstalt Hermannsburg, die vor fast 125 Jahren den ersten Versuch unternommen hatte, zu den Gallas zu kommen, die Arbeit in Äthiopien. Unsägliche Mühen, Not und Tod mussten die Boten des Evangeliums auf sich nehmen.

Mit der Kirchwerdung der ECMY wurde aus der Arbeit der Hermannsburger Mission die Westsynode der ECMY. Die Partnerschaft zwischen der Ev.-luth. Landeskirche Hannovers und der ECMY begann mit einem Brief des Präsidenten der ECMY an Landesbischof Dr. Lohse als Bischof der Kirche, in der die Hermannsburger Mission beheimatet ist. Der Präsident schrieb aus Addis Abeba am 14.11.1973 u.a.:

„Lieber Bischof Lohse!

Mit tiefem Dank gegenüber dem Haupt der Kirche, unserem Herrn Jesus Christus, möchte ich mir erlauben, Sie darüber zu informieren, dass die Ev. Kirche Mekane Yesus ständig wächst, sowohl der Zahl nach als auch an Reife und Erfahrungen als einer der eigenständigen Kirchen (National Churches!) in der 3. Welt. Als eine unabhängige Kirche ist die Mekane Yesus Kirche in der Lage, ihrerseits einen Beitrag zu leisten für die Wohltaten, die sie von ihren Schwesterkirchen erfahren hat. Als Zeichen eines solchen Beitrages werden Sie zweifelsohne wahrgenommen haben das Dokument der ECMY von der Beziehung zwischen der Verkündigung des Evangeliums und der menschlichen Entwicklung.

In diesem Stadium ihrer historischen Entwicklung macht die ECMY Anstrengungen, ihre Eigenart als unabhängige Kirche zu verteidigen und sie erbittet von ihren Schwesterkirchen dazu Ermutigungen.

Dieses sage ich, um den Wunsch verständlich zu machen, dass angesichts der neuesten Entwicklungen wir uns nicht zufriedengeben können mit einem bestimmten Punkt in der Geschichte der ECMY, der in der Beziehung besteht zwischen der Kirche und den traditionellen Missionsgesellschaften.

Daher möchte ich die Ev.-luth. Kirche in Hannover einladen, in direkte Beziehungen mit der Mekane Yesus Kirche einzutreten zur Zusammenarbeit mit dem einen Ziel, dem Evangelium von Jesus Christus in unseren beiden Ländern zu dienen ...“

Am 23. Januar 1974 antwortete Landesbischof Dr. Lohse dem Präsidenten Emmanuel Abraham u.a. folgendermaßen:

„Sehr verehrter Herr Präsident,

mit tiefem Dank habe ich Ihr Schreiben vom 14.11.1973 erhalten. ... Durch Ihren Brief haben wir auch das ECMY-Dokument „On the relationship between the proclamation of the gospel in the human development" tiefer und besser verstehen gelernt.

Es ist uns deutlich geworden, dass in Ihrem Lande das erreicht ist, was nach unserer Überzeugung Ziel aller Missionsarbeit sein muss und wozu auch unsere Hermannsburger Mission in treuer Arbeit beigetragen hat: In Ihrem Lande besteht in der ECMY eine eigenständige Kirche (National Church) lutherischen Bekenntnisses, die ihre Identität und Integrität gewonnen hat und aufgrund ihrer Erfahrungen und Reife es übernommen hat, das Evangelium unseres Herrn Jesus Christus zu verbreiten und ihrerseits zum theologischen Denken ihrer Schwesterkirchen beizutragen. Indem wir dies mit Dankbarkeit erkennen, grüßen wir sie als unsere Schwesternkirche in Äthiopien."

Nach den vorbereitenden Verhandlungen flog Landesbischof Dr. Lohse Mitte Oktober 1975 nach Addis Abeba und unterzeichnete gemeinsam mit dem Präsidenten der Kirche die folgende Vereinbarung zwischen den beiden Kirchen:

VEREINBARUNG zwischen der Ev.-luth. Landeskirche Hannovers und der Evangelischen Kirche Mekane Yesus in Äthiopien

PRÄAMBEL

Die Ev.-luth. Landeskirche Hannovers und die Evangelischen Kirche Mekane Yesus sind als christliche Kirchen und als Gliedkirchen des Lutherischen Weltbundes miteinander verbunden. Die Grundlage der Gemeinsamkeit beider Kirchen ist das in Jesus Christus offenbar gewordene Wort Gottes, wie es in der Heiligen Schrift Alten und Neuen Testament gegeben und in den Bekenntnisschriften der evangelisch-lutherischen Kirche bezeugt ist. Die Beziehungen beider Kirchen ist besonders geprägt durch den Dienst der Missionsanstalt Hermannsburg in Äthiopien.

In dem Wunsch und der Bereitschaft, diese Verbindung partnerschaftlich zu erhalten, zu fördern und zu vertiefen, treffen die Kirchen folgende Vereinbarung:

§ 1: Beide Kirchen unterstützen sich gegenseitig nach Maßgabe ihrer Kräfte und Möglichkeiten in der Verantwortung für die Erhaltung und Förderung der rechten Verkündigung des Wortes Gottes und der stiftungsgemäßen Darreichung der Sakramente.

Diese Verantwortung verpflichtet sie zum Zeugnis in der Öffentlichkeit, zur Wahrnehmung des Missionsauftrages und zum Dienst der helfenden Liebe.

§ 2: Beide Kirchen erkennen gegenseitig die Ordination an und bestätigen die Kanzel- und Abendmahlsgemeinschaft.

§ 3: Beide Kirchen verpflichten sich zum Austausch ihrer Erfahrungen in Zeugnis und Dienst. Sie werden nach Maßgabe ihrer Möglichkeiten Beziehungen zwischen einzelnen Mitgliedern der Kirchen sowie zwischen Gemeinden, Kirchenkreisen oder kirchlichen Einrichtungen und Werken fördern.

§ 4: Beide Kirchen erklären ihre Bereitschaft, der Partnerkirche auf Anforderung und im Rahmen ihrer Möglichkeiten Mitarbeiter zur Verfügung zu stellen. Diese können in der Partnerkirche die volle Mitgliedschaft erwerben und erhalten Gelegenheit zur theologischen und fachlichen Ausbildung oder Weiterbildung.

§ 5: Beide Kirchen werden sich gegenseitig im Rahmen der in den Haushalten der Kirchen dafür bereitgestellten Mittel nach Kräften unterstützen. Dazu werden sie über die jeweilige Notwendigkeit miteinander partnerschaftlich beraten.

§ 6: Die Ev.-luth. Landeskirche Hannovers wird die Missionsanstalt Hermannsburg als Missionswerk der Landeskirche nach Maßgabe der zwischen ihr und der Missionsanstalt bestehenden Rechtsverhältnisse mit der Ausführung dieser Vereinbarung beauftragen.

Addis Abeba, 17. Oktober 1975, Lohse (Landesbischof), Emmanuel Abraham (Präsident)

Im Frühjahr 1976 besuchte der Generalsekretär P. Gudina Tumsa die Ev.-luth. Landeskirche Hannovers. Vor dem Bischof breitete er seine Sorgen aus, in die die Kirche aufgrund der politischen Veränderungen geraten ist. Er sprach sehr offen davon, dass die Zeit kommen könnte, in der es nicht mehr möglich sei, finanzielle oder personelle Hilfen von Übersee zu erhalten. Als er von einem Mitglied des Landeskirchenamtes gefragt wurde, wie sich dann die Partnerschaft zwischen den beiden Kirchen verwirklichen lasse, antwortete P. Gudina Tumsa: „Wir hatten in der Vereinbarung zwischen unseren Kirchen uns verpflichtet zum geistlichen Austausch in der Verantwortung für die

Verkündigung des Evangeliums. Dieser Austausch und diese Förderung bleiben, und sei es auch allein im Gebet und in der Fürbitte." In der ECMY wird für unsere Landeskirche gebetet! ...

6.6 Johannes Hasselhorn, 20 Jahre ELM: Träume - Realisierung - Handlungsbedarf

Konzept J. Hasselhorn für seinen Beitrag in der gleichnamigen Arbeitsgruppe auf dem Missionstag der ELM, 18.10.1997

Zu meiner Person: Von 1960 an nahm ich als Leiter der VHS an den Sitzungen des Missionsausschusses teil. Vom 1. April 1971 war ich für 10 Jahre Missionsdezernent der Landeskirche und damit federführender Dezernent für die Neugliederung des Werkes.

Die heute gültige Satzung wurde am 5. November 1976 vom Missionsausschuss verabschiedet, nach fünfjähriger Vorarbeit. Die Trägerkirchen stimmten der Satzung zu mit ihren Synoden: Schaumburg-Lippe am 11. Dezember 1976, Braunschweig am 22. März 1977 und Hannover am 17. Januar 1977. Der Übergang von einer staatlichen Stiftung in eine kirchliche Stiftung öffentlichen Rechts genehmigte der Regierungspräsident in Lüneburg am 24. Mai 1977.

Bereits am 8. Juli 1972 hatte sich ein Verband von Gemeinden und Freikirchen[9] innerhalb der SELK zur Unterstützung des Missionswerkes gegründet.

Grundlage für die neue Struktur des Werkes war eine neue Satzung des Missionswerkes vom 31. August 1972, noch auf der Basis einer staatl. Stiftung. Diese wurde vom LKA genehmigt am 25. Januar 1973 unter gleichzeitiger Aufhebung der Mitteilung des königl. Landeskonsistoriums vom 22. Mai 1890. Diese war nötig geworden nach der für die Kirche unrühmlichen Entlassung von Pastor Theodor Harms aus dem Amt als Gemeindepfarrer an Peter- und Paul in Hermannsburg 1878 und der

---

[9]gemeint sind: Freundeskreise. FH

Gründung der luth. Freikirche in Hermannsburg am 30. April 1878. Mit der Entlassung von Theodor Harms konnte die öffentlich-rechtliche Stiftung der Missionsanstalt vom 2. Mai 1856 nicht aufgehoben werden. Aber das Verhältnis zum Landeskonsistorium war tief gestört. Dies wurde dann schon 12 Jahre später mit dem o.g. Erlass so bereinigt, dass Gemeinden wieder für Hermannsburg Kollekten sammeln durften. Aber von 1890 bis 1972, also 82 Jahre wurde am Verhältnis Kirche und Mission in Hannover nichts geändert, als ob die Weltgeschichte und die Entwicklung der Kirche in 80 Jahren stehen geblieben wären.

Als ich ins LKA berufen wurde, dachte dort niemand daran, dass sich etwas ändern sollte. Auf mein Erschrecken, auch noch als Dezernent für die Mission verantwortlich zu sein antwortete mein Verhandlungspartner: „Mehr als Bunnemann gemacht hat, brauchen Sie auch nicht machen". OLKR Bunnemann war mein Vor-Vorgänger im Amt gewesen.

Die Übergangsregelung von 1972 war schnell - allzuschnell - zu Stande gekommen. Erste Versuche eines Zusammenschlusses mit der Norddeutschen Mission in Bremen scheiterten an der Bekenntnisfrage, obwohl Ludwig Harms selbst als Kandidat an ihrer Gründung einst mitgewirkt hatte. Aber die Weite des Denkens von Ludwig Harms (1836) haben wir um des konfessionellen Buchstabens willen 1972 nicht mehr wahrhaben wollen.

Warum ging jetzt, nach 82 Jahren Sendepause, alles verhältnismäßig schnell?

1. Die Hermannsburger Mission war seit Jahren finanziell auf eine stets wachsende Mithilfe ihrer Arbeit aus Kirchensteuermitteln dringend angewiesen. Die Gemeinden und Freundeskreise waren seit den 50er Jahren immer weniger in der Lage, die Finanzen aufzubringen. Das führte zu äußerst schmerzlichen Vorgängen und auch Auseinandersetzungen in der Mission. Z.B. musste die Volkshochschule ihre Kollekten an VHS-Abenden an die Mission abführen. Wir konnten nur in der Missionsanstalt bleiben, wenn wir von der Mission kein Geld in Anspruch nahmen. Der Schule lag - aus geistlichen Gründen - am Verbleib in

der Mission. Einer Lösung hätte die Schule nicht zugestimmt. Wir blieben beieinander und das hat sich bis heute bewährt.

Die Missionsanstalt brauchte eine Regelung, die sie finanziell so weit absicherte, wie dies einer Landeskirche überhaupt möglich ist. Die Kirche kann ja auch Pleite machen, der Staat nicht.

2. In der Welt und in der Weltmission hatten sich die Zielvorgaben für die Mission längst geändert. Seit den 50ger Jahren galt das Wort: „Früher hatte die Mission Probleme, heute ist sie selber ein Problem." Dieses Problem kam aus einem intensiven Hören auf die Heilige Schrift angesichts tiefer Veränderungen auf der ganzen Welt. 1921 war die Internationale Missionsrat gegründet worden, 1948 der Weltrat der Kirchen. Beide fusionierten auf der 3. Weltkonferenz des ÖRK im Jahre 1961 in Neu-Delhi. Alle Kirchen sollten daran arbeiten, dass die Trennung von Mission und Kirche beendet werde. (Darüber wird P. Bauerochse nähere Ausführungen machen als Fachmann).

3. Meine persönliche besondere Anteilnahme galt zunächst der Aufgabe der Mission in unserer Landeskirche, die unlösbar mit der Weltmission verbunden ist. Der Lehrer, der mein theolog. Denken am tiefsten geprägt hat war Prof. Dr. Hans-Joachim Iwand in Göttingen 1947/48. Von ihm stammt der Satz: „Die Gemeinde ist immer Missionsgemeinde." Dabei berief er sich auf Paulus 2. Ko. 3, 2ff.: „Ihr als Gemeinde vor Ort - nicht nur in Korinth - seid immer und überall und grundsätzlich Gottes Brief, geschrieben mit dem Geist Gottes an die Welt". Iwand fügte hinzu: „Die Welt liest nicht die Schrift, sondern die Welt liest in dem Brief, den Jesus Christus an die Welt geschrieben hat, in der Gemeinde, hier liest sie den Willen Gottes." Die Gemeinde - so wie sie ist - ist der Brief Christi an die Welt, nicht ein Evangelist, Missionar oder Pastor. Es liegt alles daran, dass an unserer jeweiligen Gemeinde besser ablesbar ist, wer dieser Jesus Christus

ist und warum es sich lohnt ihm nachzufolgen. Das ist die eine universale, globale Gemeinschaft, diese Kirche Jesu Christi in der die Herrschaftsstrukturen und die Empfängermentalitäten sich aufheben in einer weltweiten Geschwisterschaft. Wer Kirche und Mission trennen will, zerreißt den einen Leib Christi auf Erden, seine Gemeinde. An der Gemeinde ist abzulesen wer dieser Jesus Christus für diese Welt ist!

4. Natürlich sagt mir jeder Praktiker, dass man mit den Maßstäben der Bibel heute nichts mehr anfangen kann. Unsere Gesetze, nach denen wir handeln, haben ihre verheissungslose „Eigengesetzlichkeit". Und doch wünschte ich mir, dass von einer Zielsetzung aus der Bibel ein Missionswerk seinen nüchternen, täglichen Dienst tun möge.

Dazu gehört z.B.:

a) Wege der Verpflichtung, dass jeder Kirchengemeinderat wenigstens einmal im Jahr sich mit der Frage der Mission befasst. Um es nüchtern zu machen, sollte dabei die Frage nach der Finanzierung nicht ausgeklammert werden. Für viele Gemeinden wäre sie überhaupt der Einstieg in das Thema.

b) Das Missionsseminar hat bis heute keine rechtliche Anerkennung seiner Ausbildung. Das ist eine ständige Quelle von unnötigen Auseinandersetzungen. Dabei bietet diese Seminar die besten Voraussetzungen zur Ausbildung kirchlicher Theologen/Theologinnen aus der ganzen Welt.

Eine Verfügung des Landeskirchenamtes vom 18. Dezember 1972 spricht von der Erwartung einer solchen Regelung. Der Erlass ist zwar bis heute - nach 25 Jahren - noch Grundlage von Verhandlungen, aber erste Teil ist aber meines Wissens bis heute noch nicht eingelöst: Eine Anerkennung, die dem damaligen Pfarrvikarrecht entspricht. Diese Regelung verhindert eine Geschwisterschaft unter den Kirchen in dieser Welt.

c) Das Missionswerk ist - aus vielen Gründen - eine Stiftung geblieben, d.h. eine Beteiligung von Gemeinden und überseeischen Partnern an Grundsatzentscheidungen des Werkes ist nicht möglich. Der Missionstag ist ein wichtiges Ventil, aber keine Mitwirkung bei Entscheidungen.

5. Über die Satzung hinaus ist aber folgendes geschehen:

a) Der Austausch von Mitarbeitern, der in der Satzung vorgesehen ist, ist nicht beim Werk stehen geblieben, sondern im Pastorenaustausch Wirklichkeit für die Partnerkirchen geworden. Das ist wichtig.

b) Der vorgesehene Austausch von „Arbeitshilfen und Informationen" ist über sich hinausgewachsen zu echten „Partnerschaftsbeziehungen", die den betroffenen Gemeinden mehr eingebracht haben als Papiere dies je können. Hier ist Aufbruch geschehen.

c) Die Ausbildung von kirchlichen Mitarbeitern im Verwaltungsdienst ist auch einmal gelungen, gleich 1972 durch den Äthiopier Hunduma Gragn. Hier müsste noch mehr geschehen.

Dies mögen genug Denkanstöße für heute sein. Jede Generation sollte aber darüber wachen, dass sie mit einer Satzung leben muss, die den jeweiligen Herausforderungen einigermaßen gerecht werden kann.

Diese Welt hat ein von Gott gegebenes Recht in jeder Generation lesen zu können, d.h. die jeweilige Generation fragen zu können - weltweit -, was es mit diesem Jesus in dieser Generation auf sich hat.

6.7 Johannes Hasselhorn, Thesen zur Evangelischen Erwachsenenbildung

1. Evangelische Erwachsenenbildung versteht sich als Bildungsdiakonie der Kirche.

Mit der Diakonie hat sie gemeinsam:

a) Sie wendet sich an Christen und Nichtchristen, d.h. an alle, die der Bildungshilfe bedürfen.

b) Ihre Arbeitsfelder lassen sich grundsätzlich nicht begrenzen, weil die heutige Gesellschaft ungezählte Formen von Bildungsnotständen hat.

c) Sie leitet zum Handeln an als ganzheitliche Hilfe. Aktionen, so missverständlich sie immer bleiben, dürfen nicht ausgeschlossen werden.

2. Evangelische Erwachsenenbildung lässt sich von der Korrelationsmethode (Paul Tillich) befragen:

a) Wird die heutige Wirklichkeit (Situation) angemessen ins Spiel gebracht?

b) Werden die Symbole der christlichen Tradition (Botschaft) sachgemäß interpretiert?

c) Wird die religiöse Dimension in den Fragen der Teilnehmer gehört und angenommen?

3. Evangelische Erwachsenenbildung trägt zur Fundamentaldemokratisierung bei im Wissen um die unaufhebbare Spannung zwischen Institutionen und Ereignis.

a) Sie organisiert sich so klein als möglich und so groß wie unbedingt nötig.

b) Sie sorgt für die notwendige Mitwirkung und Mitbestimmung der Teilnehmer.

c) Sie anerkennt Qualifikation und Partizipation aus allen Stufen.

Abschluss

Evangelische Erwachsenenbildung braucht sich - nach reformatorischer Lehre - nicht mit der Kirche zu identifizieren; solange sie auf Jesus Christus hört - wie ihn die Kirche bezeugt - wird sie in schöpferischer Nachfolge therapeutische Prozesse einleiten und zur Indigenisation des Evangeliums in die gegenwärtige Welt ihren Beitrag leisten.

OLKR Johannes Hasselhorn

zum Gespräch mit der Konferenz pädagogischer Mitarbeiter der Evangelischen Erwachsenenbildung am 22. Februar 1982 in Loccum.

Dieser war auch
mit dem Jesus von Nazareth
Mt. 26, 71

Am 14. März 2022 ist Herr Oberlandeskirchenrat i. R.

Johannes Hasselhorn

im Alter von 97 Jahren heimgerufen worden.

Der Verstorbene hat der Evangelisch-lutherischen Landeskirche Hannovers bis zu seinem Eintritt in den Ruhestand über ein Jahrzehnt treuen und engagierten Dienst geleistet.

Herr Hasselhorn wurde im April 1971 zum geistlichen Mitglied des Landeskirchenamtes ernannt und verantwortete als Oberlandeskirchenrat die Dezernatsaufgaben der „Weltmission und ökumenischen Diakonie" sowie der „Erwachsenenbildung".

Das Engagement im Bereich der Weltmission und der partnerschaftlichen weltweiten Verbindungen zwischen den Kirchen waren Herrn Hasselhorn ein Herzensanliegen. Dabei konnte er seine in vielen Besuchsreisen gewonnenen persönlichen Erfahrungen fruchtbar machen. Auch am Aufbau der Erwachsenenbildung im Bundesland Niedersachsen und in der Hannoverschen Landeskirche war Herr Hasselhorn prägend beteiligt.

Ab August 1982 nahm Oberlandeskirchenrat Hasselhorn die Leitung des Amtes für missionarische Dienste in der Evangelischen Landeskirche in Württemberg wahr und trat im September 1989 in den Ruhestand ein.

Wir trauern um einen hochengagierten und überaus hilfsbereiten Mitarbeiter. Sein Glaubenszeugnis hat viele Menschen beeindruckt und geprägt. Sein verantwortungsvolles und verlässliches Wirken werden wir in dankbarer Erinnerung behalten. Wir vertrauen ihn der Liebe Gottes an. Er wird ihn schauen lassen, was er geglaubt hat. Für seine Familie bitten wir um Gottes Trost in den Tagen dieses Abschieds.

Der Landesbischof
der Evangelisch-lutherischen Landeskirche Hannovers
Ralf Meister

Anzeige der Landeskirche

7 Missionarische Dienste Stuttgart

7.1 Johannes Hasselhorn, 45 Bilder aus 90 Jahren, Teil 6

Von 1978-80 war ich Vorsitzender der Aktion „Missionarisches Jahr 1980". Das war eine Zusammenarbeit des gesamten Protestantismus in Deutschland. Gelernt habe ich, dass die Konfessionslosigkeit, die Areligiösität und der Atheismus in Deutschland von den Kirchen kaum ernst genug genommen werden. Bewusst wurde mir in den Kirchen Europas das Verdampfen eines bibelzentrierten Christentums.

Bad Urach 1982

So folgte ich zum 1.8.1982 dem Ruf der Landeskirche Württembergs zur Leitung der Missionarischen Dienste. Neben vielen erfreulichen Erfahrungen hat auch diese Kirche die Radikalität der Entkirchlichung noch vor sich.

7.2 Johannes Hasselhorn, Abschiedswort

aus: Missionarische Dienste. Nachrichten vom Amt für missionarische Dienste der Ev. Landeskirche in Württemberg, Freundesbrief August 1989

„Bleibe bitte fünf Jahre" wurde mir 1982 gesagt, als ich mich entschlossen hatte, noch einmal in Württemberg Dienst zu tun. Nun sind es sieben Jahre geworden. Ich bin oft gefragt worden, was uns denn bewogen hätte, aus einer wichtigen Arbeit in der Kirchenverwaltung in Hannover wieder nach Württemberg zurückzukehren? Schließlich ist ein Berufswechsel mit 58 Jahren ein einschneidender Vorgang im Leben eines Menschen:

Die Antwort ist vielschichtig und doch einfach:

1. Ganz vorne steht die Einsicht in die Lage der Volkskirche, in der wir aufgewachsen sind und die uns Heimat ist. Nach Martin Luther hat alle Predigt die Aufgabe, „zum Glauben zu reizen". Nur auf diese Weise werden der Kirche Gotteskinder geboren, „wie der Tau aus der Morgenröte" (Ps. 110, 3). Nur so kommt es zu einer persönlichen Antwort des Menschen auf die Herausforderung Jesu Christi. Menschen darf viel Mut gemacht werden zu einem persönlichen und verbindlichen Christusverhältnis. Dazu wollte ich in meinem Leben noch einmal helfen getreu meinem Konfirmationsspruch aus Matth. 10, 32f. und meiner Ordinationsverpflichtung aus Offb. 3,8. Von daher waren diese sieben Jahre eine reiche Zeit.

2. Seitdem ich die Verantwortung als Missionsdezernent der Hannover'schen Landeskirche übernommen hatte, ist in mir der Schmerz immer größer geworden, dass in unseren deutschen Landeskirchen Volksmission und Außenmission fast völlig getrennte Wege gehen. Dies ist tiefer geistlicher Ungehorsam gegenüber dem Missionsbefehl. Die Außenmission lebt von der Erweckung zur Mission. Volksmission ist ein Ringen um Erweckung durch Evangelisation zur Mission. Gerade in Württemberg konnte ich auf ein besonderes Verständnis in diesem Bereich hoffen. Aber auch hier sind die wirklich konkreten Schritte einer gemeinsamen Arbeit schwieriger als ich erwartet habe. Dankbar bin ich, dass das Problem erkannt ist.

3. Die nachfolgende Generation kirchlicher Mitarbeiter - einschließlich der Theologen - hat fast völlig unzureichende Vorstellungen von der Aufgabe der Evangelisation. Angefangen von der Universitätsausbildung bis hinein in freie und kirchliche Ausbildungs- und Fortbildungseinrichtungen ist die Lehre über die Evangelisation unterentwickelt. Hier habe ich gerade von den Kirchen in der Zweidrittelwelt viel gelernt. Diese Erfahrungen wollte ich gerne geordnet weitergeben. Dass mir dies verwehrt wurde in dieser Landeskirche, bleibt mir schmerzlich im Blick auf die nachwachsenden Mitarbeiter der Kirche. Mit Dietrich Bonhoeffer muss ich sagen: „und legst das Rechte still und getrost in stärkere Hände und gibst dich zufrieden".

4. Rückkehr nach Württemberg bedeutete für mich gleichzeitig auch Abstattung von Dank, wie diese Landeskirche, ihre theologischen Lehrer und der Altpietismus mein Leben nachhaltig geprägt haben. Hier bleibe ich ein Beschenkter. Meiner Hannover'schen Landeskirche und besonders der Niedersächsischen Lutherischen Heimvolkshochschule in Hermannsburg verdanke ich das Bewusstwerden des theologischen Erbes von Martin Luther. Ich bin dankbar, dass ich diese Erbe in meinem Dienst der letzten sieben Jahre nicht verdrängen musste, dass es vielmehr an vielen Stellen mit Freude und Respekt aufgenommen wurde.

Von meiner Mutter lernte ich: „Danken schützt vor Wanken, Loben zieht nach oben". In diesem Sinne bleiben wir Ihnen verbunden.
Ihr Johannes Hasselhorn

7.3 Johannes Hasselhorn über Pietisten und Evangelikale

Brief an Prof. Lütz von Padberg, 21.08.2010, zu dessen Buch „In Gottes Namen?"

3. Nach meinem Bibelverständnis ist Ihr vollmundiges Lob für die Evangelikalen unangemessen. Nach Ihrer Darstellung vertreten die Evangelikalen „das Evangelium offensiv". Sie sind die „Bekenner", wir Landeskirchler dürfen uns wiederfinden unter dem Stichwort „Namenschristen" oder „gut meinende Christen". Ich bitte bei all diesen Klassifizierungen um Vorsicht. ... Wahrscheinlich haben Sie das nicht beabsichtigt, aber ich weiß wie „normale" Landeskirchler hier reagieren, besonders hart wir Theologen, die reale Gemeindeerfahrung haben.

Darf ich dies Urteil erläutern? Meine Mutter war eine fromme Pietistin und pflegte uns schon als Kinder im Blick auf die Landeskirche den Satz einzuimpfen: „Verdirb sie nicht, es liegt ein Segen drin". Auch das unterscheidet den echten Pietismus von der evangelikalen Bewegung.

Als Teilnehmer an der Lausanne-Konferenz 1974 habe ich es als Verpflichtung angesehen, den Geschäftsführenden Vorsitz des Missionarischen Jahres 1980 in Deutschland zu übernehmen, als ich darum gebeten wurde. Das war neben vielfältigen Aufgaben im Landeskirchenamt Hannover oft auch für die große Familie belastend. Die Vorbereitung und Durchführung dieses ersten alle evangelischen Christen in Deutschland verbindenden Unternehmens von 1978 bis 80 waren aber geistlich reiche Jahre. Die Zusammenarbeit mit evangelischen Freikirchen, Landeskirchen, Gemeinschaften und den Evangelikalen war ausgesprochen offen und herzlich. Uns schloss eine Aufgabe zusammen und die hieß: Evangelisation! Bei meinen Besuchen auch im Bereich der Evangelikalen habe ich viel Positives erlebt.

In einer Sitzung aber schlug mein Freund Kurt Heimbucher einmal mit der Faust auf den Tisch und sagte lautstark: „Ich bin kein Evangelikaler, ich bin Pietist". Uns beide störte das herrschaftliche Gebaren der Evangelikalen in Diskussionen. Heimbucher und ich waren ja Lutheraner und Pietisten und wollten das auch bleiben. ...

Nehmen Sie ein anderes theologisches Problem: Die besonders unter evangelikalen Theologen grassierende Sucht nach den Geistesgaben (1. Kor 12 +14). Ist ihnen der „bessere Weg" (1. Kor 12,31) und die „größte Gabe" (1. Kor 13,13) auf die Paulus hinweist zu beschwerlich, zu nüchtern, zu erdig, um diesen Weg der Liebe zu gehen oder um diese Liebe zu empfangen? Persönlich habe ich unter uns Lutheranern erfahren, mit welcher Fülle Gott die Gaben nach 1. Kor 12+14 gerade den unterdrückten und verfolgten Christen schenkt. ...

Im Missionarischen Jahr 1980 habe ich immer wieder gestaunt über die Einfälle evangelikaler Gruppen in Sachen Evangelisation. Aber ich habe auch ganz andere Evangelisationen erlebt, die Sie auch nicht als „offensiv" bezeichnen würden. Z.B. in einer Großstadt in Deutschland fand ein längerfristiges Event statt. Gemeinsam hatten alle Kirchen und Gruppen einen Evangelisationsplan aufgestellt. Mit meiner Frau zusammen wollte ich auch einmal einen solchen Tag erleben. Wir fanden Ort und Zeit und eine evangelikale Gruppe vor. Manche ihrer Lieder waren uns unbekannt. Das fiel dem Prediger auf. Er kam zu uns und fragte, ob wir zu ihnen gehörten. Ich antwortete ihm, dass wir Landeskirchler seien. Etwas herablassend darauf: „Das ist immerhin besser als nichts". Dann war die Gruppe wieder unter sich, sang, predigte und betete für die Bekehrung anderer. Als die Stunde aus war, verschwanden sie still und heimlich.

Als Kind besuchte ich regelmäßig nicht nur den Kindergottesdienst meiner lutherischen Kirche, sondern mit Begeisterung auch den der örtlichen Baptistengemeinde. Als ich nach Jahrzehnten wieder dorthin zurückkam, musste ich feststellen, dass meine Freunde von den Baptisten, die mit mir die höhere Schule besucht hatten, nicht mehr zur Baptistengemeinde gehörten. Ihre Eltern und Großeltern hatte sie einst unter großen Opfern und Anfeindungen seitens der damaligen Landeskirche gegründet. In den Gesprächen stellte sich heraus, dass sich Baptist-Sein und Bildung für sie ausschlossen. Sie und ihre Kinder sind ungetaufte Heiden. Wie sich doch die Kirchengeschichte wiederholt.

Entschuldigen Sie bitte, wenn ich als älterer Mann ins Erzählen gerate. Es geht mir nicht darum, den Evangelikalismus schlecht zu machen. Das wäre ganz falsch. Aber ich möchte Sie gern auf den Boden der Wirklichkeit locken. Die Fülle und Weite der Heiligen Schrift können Sie für sich so wenig Anspruch nehmen, wie wir landeskirchlichen Theologen. Dazu kommt, dass die evangelikale Bewegung in Deutschland ein junger Zweig im deutschen Protestantismus ist. Da lebt man noch in kirchengeschichtlicher Jugendlichkeit. Und diese Jugendlichkeit überdeckt auch das Abweichen von der Heiligen Schrift, wie ich Ihnen an zwei Stellen aufgezeigt habe. Die Sünden der alten Landeskirchen liegen dagegen weitgehend offen. Daraus kann man Kapital schlagen. Aber das hat auch Gottes Wort nicht für sich.

Wir stehen alle unter dem Urteil von Röm 3, 9ff. Die berechtigten Besonderheiten der Evangelikalen hätten unter uns Landeskirchlichen Theologen eine ganz besondere Chance, wenn sie in den Wirklichkeiten unseres kirchlichen Alltags Römer 3 mit 1. Kor 13 erkennbar verbinden würde. Elitäres Gehabe hat Gottes Wort nicht für sich.

Was uns alle in der Christenheit miteinander verbindet, ist der Versuch der rechten Auslegung der Heiligen Schrift und das Wagnis, dem dort Gehörten auch gehorsam zu sein. Jeder ist hier an seine eigene Tradition gebunden und deshalb auf die Kritik und Bereicherung durch andere angewiesen. So sieht Versöhnung in Verschiedenheit aus. Bei diesem Prozess der Auslegung der Heiligen Schrift sind wir alle an das hermeneutische Fazit gebunden, auf das Martin Luthers letzter Zettel hinweist: „Wir sind Bettler. Da ist wahr."

8 Ruhestand Hermannsburg

8.1 Johannes Hasselhorn, 45 Bilder aus 90 Jahren, Teil 7

In der Rhön, 26.10.1995

Mit Eintritt in den Ruhestand zum 1.10.1989 endlich etwas mehr Zeit für die Familie. Hier Mutter zum 70. Geburtstag im Kreise ihrer Kinder.

Mein 80. Geburtstag 2004

Bekannte Gesichter im Haus

Mein 80. Geburtstag 2004

Martin Müller und Bruder Siedersleben sind uns schon vorausgegangen.

Elisabeth und Johannes 2009

Es wird stiller um uns. Der Parkinson raubt meiner lieben Frau immer mehr Kräfte. Am 11. Juli 2010 schläft sie still ein.

2013

Der zurückgebliebene Opa im Kreise einiger Enkel

2013 in Sulingen

Kinder und Schwiegerkinder geleiten den Vater, der nur staunen und danken kann für so viel Zuwendung.

90. Geburtstag in Urach

8.2 Johannes Hasselhorn, Priestertum aller Getauften

[1]

Einleitung

1930

Das Pastorat war in unserer norddeutschen Kleinstadt ein behäbiges, breites Haus in blendendem Weiß gestrichen und hinter einer hohen Hecke versteckt. Verstohlene Blicke über das Gartentor zeigten einen gepflegten Blumen- und Beerengarten in einem weiten Rasen. Betreten habe ich dieses Haus nie, auch meine Spielkameraden kannten es nicht von innen. Es war eine eigene, behütete Welt, die wir von außen nur bestaunen konnten. Wenn am Sonntagmorgen der Pastor in der großen, altehrwürdigen Kirche aus der Sakristei trat, im schwarzen Talar mit der weißen Halsbinde, dann schien er uns wie ein Bote aus einer anderen, feierlichen, heiligen Welt zu kommen, die unserem Alltag weit entrückt war. Abstand, Feierlichkeit und Würde, so empfand ich als Kind den Pastor und das Pastorat.

1950

Als junge Pfarrer nach dem Zweiten Weltkrieg wollten wir das alles ganz anders machen. Es sollte Nähe gelebt werden zu den Gemeindegliedern und zu anderen Menschen in den Grenzen der Kirchengemeinde. Mit der jungen Generation musste das gelingen. Davon waren wir überzeugt. Um so ernüchternder traf mich als Pfarrer auf der Schwäbischen Alb der Satz eines gescheiten jungen Bauern bei einer Landjugendversammlung: „Das Pfarrhaus betrete ich nur, wenn ich unbedingt etwas braucht, das ich auf der ganzen weiten Welt sonst nirgends finden könnte als eben in jenem Haus." Gewiss waren wir jungen Pfarrer freundlich aufgenommen bei der ebenfalls jungen Generation. In der Tiefe aber blieb ein Bewusstsein um einen wohl unüberbrückbaren Graben.

---

[1]Missionarische Dienste 125, hg. vom Amt für missionarische Dienste der Ev. Landeskirche in Württemberg, Juli 1992

Alle kirchlichen Ordnungen, die nach 1945 entstanden sind, haben diese tief verwurzelten Unterscheidungen zwischen Ordinierten und Nichtordinierten (= **Laien**) nicht aufheben oder gar geistlich überwinden können. Wie sehr das Gegenteil der Fall ist, zeigen die soziologischen Untersuchungen über die Kirche in der Gesellschaft.

Heute

Wir sind eine Pastorenkirche geblieben, rechtlich und durch den Einfluss, den Informationen besitzen. Neu ist hinzugekommen eine große Zahl hauptamtlicher Mitarbeiter, die zu den „Nichtordinierten" gehören, aber denselben Zugang zu den Informationen haben. Vielleicht ist es gut, sich daran zu erinnern, dass die „nichtordinierten" Träger von Informationen und Macht in der Reformationszeit von entscheidender Bedeutung gewesen sind. Die reichsrechtlich notwendigen Bekenntnisse der Reformatoren wären ohne diese Christen nicht durchsetzbar gewesen. Aber auf der Ebene der Gemeinde sah das alles ganz anders aus, wenn man von einigen Beispielen im linken Flügel der Reformation absieht. „So kam es, dass die Geistlichkeit, wenn auch nicht ihrem theologischen Bekenntnis nach, so doch in den Realitäten der soziologischen Struktur und der psychologischen Vorstellung, in mancher Beziehung eine bloße Metamorphose des früheren ‚Klerus' wurde" (Hendrik Kraemer). Dabei ist es geblieben bis zum heutigen Tage.

Der Maler Lukas Cranach predigt das Priestertum aller Glaubenden

Die Stadtkirche in Wittenberg war Martin Luthers Predigtkirche. Einer seiner aufmerksamsten Zuhörer war der Bürgermeister Maler Lukas Cranach (1472-1553). Noch zu Lebzeiten Martin Luthers hat er mit der Arbeit für den großen Flügelaltar der Wittenberger Stadtkirche begonnen. In diesen Bildern bringt er zum Ausdruck, wie er die Verkündigung der Reformation verstanden hat. Besonders beeindruckt hat ihn dabei das Priestertum aller Glaubenden. Er unterstreicht dies auf jedem der vier Einzelbilder:

Auf dem linken Flügelbild tauft Philipp Me-lanchthon ein Kind. Lukas Cranach steht links daneben, gewissermaßen als Taufpate. Melanchthon trägt seinen Professorenmantel. Ein kirchliches Gewand hat er nicht und darf es auch nicht tragen. Melanchthon war nie Priester gewesen oder zum Pfarrer ordiniert worden. Aber als getaufter und glaubender Christ darf er taufen.

Das große Mittelbild zeigt die Feier des Heiligen Abendmahls. In der Mitte des Tisches liegt auf einer Schale das geschlachtete Lamm. An der linken Seite ist Jesus zu sehen, an seiner Brust liegt Johannes. Auf der rechten Seite wendet sich Martin Luther - in der Gestalt des Junker Jörg - dem jungen Maler Lukas Cranach d.J. zu. Der trägt zu seinem roten Gewand ein kurzes Schwert. Daran waren damals in Wittenberg Studenten und Malergesellen zu erkennen. Der jungen Cranach reicht dem Reformator den Kelche. Jeder getaufte und glaubende Christ darf das Heilige Abendmahl austeilen.

Das rechte Flügelbild zeigt uns den ersten evangelischen Stadtpfarrer der Kirche, Johann Bugenhagen. Auch er trägt den Professorenmantel. Was er tut, ist nach reformatorischer Auffassung jedem Christen aufgegeben, nämlich Gebeugte aufzurichten. Das Aufrichten und Zurechtbringen ist das besondere Werk der Beichte. Hier wird jeder dem anderen ein Christus, wie es Luther für die ganze Gemeinde forderte.

Das untere Bild in der Predella stellt normalerweise den toten Christus dar. Auch Lukas Cranach zeigt ihn, aber als den Gekreuzigten, der Inhalt biblisch-reformatorischer Predigt ist. Martin Luther steht auf der Kanzel. Unter dem Kirchenvolk befinden sich Luthers Frau und Sohn, sowie andere bekannte und unbekannte Glieder der Wittenberger Gemeinde, unter ihnen auch Lukas Cranach. Sie alle leben von der Predigt des Gekreuzigten. Luther trägt als Prediger keinen Priesterschmuck, sondern die normale Kleidung seines Standes, nämlich den Talar. Als Bürger unter Bürgern ist Luther Prediger, als Christ unter Christen dient er mit der Predigt dem Bau der Gemeinde Jesu Christi.

Das Bild wurde 1547 aufgestellt, in den Tagen, als die Evangelischen durch Kaiser Karl V. in der Schlacht bei Mühlberg besiegt wurden. Ein spanischer Reiter, der mit dem kaiserlichen Heer siegreich in Wittenberg einzog, durchstach das Bild des predigenden Luthers an Hals und Brust. Aber die Stimme der Reformation war dadurch nicht zum Schweigen zu bringen. Das Priestertum aller Glaubenden ist biblisches Zeugnis - von der Reformation neu entdeckt und von uns neu zu erwecken.

Im Garten

8.3 Johannes Hasselhorn, Predigt zu 50 Jahren Kriegsende

Predigt am 7. Mai 1995 in der Peter-Paul-Kirche in Hermannsburg, Sonntag Jubilate zum Kriegsende 1945 über 1. Mose, Kapitel 1, 1-4a, 26-28, 31a; Kapitel 2, 1-4 (Nachschrift nach der Tonaufnahme)

Von Jesus Christus geliebte Schwestern und Brüder!

Es war an der Jahreswende 1941/1942. In unserem Gymnasium wurde der Religionsunterricht verboten. Unser Religionslehrer - Dr.

Jäger hieß er - war ein sehr „liberaler Pfarrer". So nannten ihn die Frommen in unserer Stadt.

Er lud uns ein, zu weiteren Gesprächen über den Glauben in sein Pfarrhaus zu kommen und mit einer kleinen Schar saßen wir dann auch in seiner Pfarrstube. Er fragte nach unseren Interessen, was wir denn so gerne hören wollten, und wir sagten ihm, wir verstehen nicht, dass unser Staat den Religionsunterricht verbietet. Er bat uns, das nächste Mal zu kommen und ein kleines Reclam-Heft mitzubringen: Friedrich Nietzsche, Also sprach Zarathustra. Das war damals eine sehr angesehene Lektüre. Wer Nietzsche las, der galt etwas, denn Adolf Hitler hatte seinem Freund Mussolini kurz zuvor die Prachtausgabe von Nietzsches Werken geschenkt, damit die Italiener endlich einen Begriff bekamen von dem Menschentum, was die Nationalsozialisten lehrten.

Bei unserem Religionslehrer begriffen wir langsam, worauf hin eigentlich die Nationalsozialisten Nietzsche befragt hatten in seiner Philosophie. Der eigentliche Mensch ist der Herrenmensch, der Übermensch, der diese christlich-jüdische Moral, in der Europa erzogen ist, weit hinter sich gelassen hat. Und ich lernte damals als Oberschüler: Der Herrenmensch sei das Wesen auf dieser Erde, das mit gutem Gewissen Böses tun darf. Denn nur so konnte das Christentum aufgehoben werden. Und unser Religionslehrer schloss konsequent, dann dürfe es auch keinen Religionsunterricht mehr geben.

Unser Kreis verkleinerte sich. Wir wurden Soldaten, wie unsere Freunde im CVJM auch alle geworden waren. Wir hatten unsere Pflicht zu tun. Das war unser Bewusstsein, gerade als junge Christen hatten wir unsere Pflicht zu tun. Unseren Glauben, den wollten wir nicht aufgeben. Aber wir würden nach dem Kriege Wege finden, ihn zu bewahren. Aber erst einmal die Pflicht tun! Aus unserem Kreise kenne ich keinen Einzigen mehr, der überlebt hat.

Wenn jemand aus der jungen Generation aufsteht, mit dem Finger auf mich zeigt und mir sagt: Du bist ein Mörder - nach dem berühmten Tucholsky-Zitat -, dann muss ich sagen: Ja. Denn ich wurde Soldat, mein Handwerk wurde die Schiffsartillerie und wir haben geschossen und wurden beschossen. Denn die Schreckenstaten der Nazis sind nicht dadurch besser geworden, dass in diesem Heeren Christen und Theologen Soldaten und Offiziere waren. Wir ahnten damals Anfang 1942 allerdings nicht, wie sehr die Innenweltverschmutzung durch die Philosophie des Herrenmenschen zur Außenweltverschmutzung geworden war. Wir wussten nicht, dass am 20. Januar 1942 das sog. Wannsee-Protokoll erstellt worden war, wo Staatssekretäre und hohe Funktionäre des Regimes die „technischen Entscheidungen" für die „Endlösung" beschlossen hatten zur „restlosen Auslöschung des Judentums". Wir wussten auch nicht, - und ich habe es in den letzten Wochen nachgelesen -, dass der Reichsführer der SS und der letzte Reichs-Innenminister des Dritten Reiches, Heinrich Himmler, seiner SS längstens eingeimpft hatte, dass Juden, Polen und Russen als „Menschentiere" zu behandeln seien. Man müsse sie ausräuchern wie Ungeziefer. Von den damit verbundenen Massenmorden sagte Reichsführer Himmler: „Dies durchgehalten zu haben und dabei anständig geblieben zu sein, das hat uns hart gemacht." Und er schließt mit den Worten: „Dies ist ein Ruhmesblatt unserer Geschichte." Auf diese Weise sollte die Wahrheit dessen, was wir eben aus der Heiligen Schrift gehört haben, vernichtet werden. Der Text der Heiligen Schrift, den wir eben gehört haben, war für diese Herren Literatur des Untermenschentums, also Gift für die deutsche Volksseele, Gift für diesen deutschen Volkskörper, dessen Blut würdig war Herrenmensch, Übermensch auf dieser Welt zu sein. Ein solches Menschenbild kann nur eine düstere Welt hervorbringen und dunkel wurde es über Deutschland und über Europa.

Unser Gotteswort, dies verachtete, belächelte, in Frage gestellte, mit 1000 Anmerkungen versehene, schutzlose, wehrlose Wort Gottes ist unaufhörliche und bis in alle Ewigkeit fortwährende Explosion der Freude. Der Gott Abrahams und Saras, der Gott Isaaks und Rebeccas, der Gott Jakobs, Rahels und Leas, der Gott, der seinem Volk die Bundestreue gehalten hat und halten will „bis ins tausendste Glied", dieser Gott und kein anderer ist Schöpfer und Erhalter dieser Welt. Dieser Gott gibt uns Menschen und gibt dieser gesamten weiten Welt, gibt dem gesamten Kosmos um uns herum eine unverlierbare Würde und den tiefsten Sinn, den Leben jemals erhalten kann. An vielen Stellen unseres Textes wird deutlich, in welcher geistigen Auseinandersetzung diese nach rückwärts gewandte Prophetie gestanden hat. Israel war unter dem babylonischen Herrenvolk. Und wie alle Herrenvölker prahlte es mit seinen Vorstellungen über die Entstehung der Welt. Denn immer werden die Unterdrücker die Unterdrückten zu allem Unglück hin noch verhöhnen und verspotten. Aber der Geist Gottes, der Heilige Geist, hat diesen Unterdrückten helle Augen gegeben für die entscheidende Wirklichkeit, nämlich dass Welt und Menschen ihren Ursprung haben im Lebenschaffenden Gotteswort. In unserem Grundgesetz unserer Bundesrepublik haben wir ein Bild vom Menschen, eine Humanität, die ihre Wurzeln hat im jüdisch-christlichen Verständnis unseres heutigen Predigttextes. Darum wird dieser Text immer ein Protest sein gegen jede Missachtung von Menschen, gegen jede Art von Apartheid, gegen jede Art von Rassismus, mag sie in welchem Gewande auch daherkommen. Protest, weil Explosion der Freude angesagt ist.

Wie sollen wir das heute verstehen?

Es war fünf Jahre später, im Winter 1946/47: Wir saßen dicht gedrängt als Studenten in der Wohnstube der Familie Prof. Thielecke. Es wurde Vergangenheit und Gegenwart, Theologie und Welt eifrig miteinander diskutiert. Neben mir saß ein älterer Jura-Student. Ich guckte auf seine Offiziershosen, die er an hatte. Man sah in ihnen noch die Reste der roten Biesen, was einem Kundigen zeigte, ich habe es mit einem ehemaligen Generalstabsoffizier zu tun. Er sagt nichts. Aber plötzlich mischte er sich mit klarer und deutlicher Stimme in das Gespräch ein und sagte: „Herr Professor, sagen Sie mir, welchen Sinn hat Ihr Leben?" Da war es plötzlich sehr still. Denn hier ging es ja nicht um irgendein Wissen, das man diskutieren kann, hier stand das Leben auf dem Prüfstein, und ich sehe Professor Thielecke in seinem großen Lehnstuhl, einem Schaukelstuhl, an einer Zigarre ziehend, noch vor mir. Er tat einen tiefen Zug, blies die Wolken in die Luft und sagte in die Totenstille hinein, freundlich und bestimmt zu dem fragenden Studenten: „Mein Leben hat nur den Sinn, dass es zur Ehre Gottes gelebt wird." Sprachs, wiegte sich in seinem Schaukelstuhl und es dauerte eine ganze Zeit, bis das Gespräch in Gang kam. Und es war auf einmal ein Gespräch mit neuer Qualität. Denn die Antwort, die Thielecke gegeben hat, die ist ja die Antwort auf diesen unseren Predigttext heute, Leben zur Ehre Gottes, das heißt demütig sein vor Gott. Das heißt, Achtung haben vor dem von Gott geschaffenen Mitmenschen, gleichgültig, welcher Hautfarbe, welcher Rasse, welcher Kultur, welchen Geschlechtes auch immer, welcher Religion. Und diese Antwort umfasst den gesamten Respekt vor Gottes Schöpfung, vor den Pflanzen, vor den Tieren, vor dem Wasser, vor der Luft und vor der Erde. Diese Antwort – und das merkten wir damals – war spürbare Explosion der Freude. Denn hier beginnt auf einmal ein Mensch, der zur Ehre Gottes sein Leben lebt, diese Welt anzusehen mit den Augen Gottes.

„Und Gott sah an alles, was er gemacht hatte, und siehe: Es war sehr gut.“ Das kann niemand sagen von den Werken des NS-Regimes: „sehr gut“. Das kann niemand sagen vom Raubbau unserer Industriegesellschaft. Der Herrenmensch lebt immer noch, nur seine Kleider hat er gewechselt, denn „der Schoß ist fruchtbar noch, aus dem das kroch“. Gottes „sehr gut“ steht über dieser geplagten, geschundenen, gebeutelten Welt. Darum muss diese Botschaft von der Explosion der Freude weitergesagt werden. ...

Wenn uns nachher beim Heiligen Abendmahl nachher gesagt wird: „Schmecket und seht, wie freundlich der Herr ist“, dann bricht Freude auf. Das ist der allererste Schritt, im Leben Gott die Ehre zu geben, sich von ihm beschenken zu lassen mit dem Fest. Alle, alle sind eingeladen, an der Explosion der Freude teilzunehmen. Und darum möchte ich mit einem Bericht darüber auch die Predigt beschließen:

Ich komme gerade vom Treffen meiner ehemaligen Kameraden unseres Kanonenbootes K1. Am 4. Mai 1945 - es war wohl das letzte Seegefecht – sind wir untergegangen. Allein auf unserem Schiff von 185 Mann sind 63 gefallen. Am 8. Mai 1945 lag ich also in einem Hafen in Dänemark auf einem Strohsack in der Intensivstation – drei Stockwerke übereinander – im dritten Stockwerk. Als ich zur Besinnung kam und als der 8. Mai kam, kam ein Offizier und

meldete uns, dass der Krieg nun aus sei. Einer der Kameraden war schwer verwundet und es muss ihn Tag und Nacht gequält haben. Er lag zu meinen Füßen ganz unten und ich konnte es nicht mehr mit anhören und stieg runter und hielt ihm die Hände und wischte ein wenig den Schweiß – ich hatte ja Zeit – und gab ihm ab und zu einen Schluck Wasser. Wenn ich selber nicht mehr konnte und mein Kopf nicht mehr mitmachte, legte ich mich wieder auf meine Pritsche. Und dann fängt dieser Kamerad an, zu erzählen. Er war etwa 15 Jahre älter als ich, und hatte ein Leben, von dem ich, als junger, noch nicht einmal 21-jähriger, in frommen Kreisen aufgewachsen, auch nicht die blasseste Ahnung hatte. Alles, alles kam vor. Er erzählte. Und am nächsten Tag erzählte er weiter. Und dann erzählte er noch einmal weiter. Ich konnte nur zuhören, denn ich merkte, es tut ihm gut, wenn er erzählen kann, er vergisst auch seine Schmerzen. Und als er dann fertig war, kam eine für mich völlig überraschende Frage. Er sagte zu mir: „Kamerad, meinst Du, mir ist noch zu helfen?“ Mir stockte der Atem. Was sollte ich tun? Ich junger Mann dem Älteren gegenüber? Aber dann sagte ich: „Warte einen Augenblick, ich komm gleich wieder“, stieg auf meine Pritsche, holte meine Bibel heraus, die mit mir im Wasser gelegen hatte und noch nass war, und schlug auf in diesen zusammen gebappten Blättern Lukas Kapitel 15, die Geschichte vom verlorenen Sohn. Das wusste ich, wo die steht. Ich las ihm die Geschichte vor - wir hatten Zeit - ganz langsam. Und als dann das Fest kam, da fingen seine Augen an, fragend zu werden, und als ich fertig war, fragte er mich: „Kamerad, gilt mir das auch, was da steht?“ Und ich sagte ihm: „Du, Du kannst mir erzählt haben von Deinem Leben, was Du willst, die Liebe des Vaters zum verlorenen Sohn ist immer noch größer. Er breitet die Arme aus und nimmt Dich in Empfang und liebt Dich, weil Du Mensch bist, von ihm geschaffen.“ Und dieser Soldat nahm es ins Herz hinein. Wir haben noch zwei Tage Zeit gehabt. Er wusste vom Christentum sonst nichts, als dass der Vater da ist, der ein Fest mit ihm feiern will und die Arme aufhält und sagt: „Komm“ und ihn ans Herz nimmt. Wir haben noch zwei Tage Zeit gehabt, darüber zu sprechen, dann ging er im

Frieden heim in die offenen Arme des Vaters, der ihm eine unverlierbare Würde geschenkt hatte und bei dem er gemerkt hatte: Mein Leben verdammt nicht. Da sind Vaterarme da, die mich tragen. Alles Herrenmenschentum, alle Überlegenheitsgefühle, jede Art von Rassismus und Sexismus, alles das stirbt an der unausforschlichen Liebe Gottes.

Es gibt zu jubilieren mehr als genug. Es bleibt Freude. Es bleibt die Expansion und Explosion der Freude, die bis in alle Ewigkeit hinein wirkt. An der Liebe Gottes stirbt der letzte Rest unseres Herrenmenschentums. Und es wird zum neuen Leben erweckt der neue Mensch, der nach dem Bilde Gottes geschaffen ist, der da lebt zur Ehre Gottes. Lasst uns miteinander jubilieren an diesem Sonntag, weil er so groß ist, dieser so geschmähte Gott, weil sein Wort so herrlich ist, weil sein Trost bis in alle Ewigkeit reicht.

Und der Friede Gottes, der höher ist, als wir es begreifen, der bewahre unsere Herzen und Sinne in Christus Jesus zum ewigen Leben. Amen.

Weihnachten 2007

8.4 Johannes Hasselhorn, Glaubenshilfe gestern und heute - was geben wir weiter?

Zum 50jährigen Kursustreffen an der Heimvolkshochschule Hermannsburg, 5. bis 8. Mai 2014

Das offene Gespräch über Fragen des christlichen Glaubens nannte der Gründer unserer HVHS, Missionsdirektor Georg Haccius, „das höchste Bildungsmittel". Er verstand es in der Tradition von Ludwig Harms. Für den gehörte zur Predigt hinzu das sonntägliche Abendgespräch im Pfarrhaus zu allen Lebensfragen. Hier redete Harms ganz die Sprache seines Dorfes und drang damit in Herz und Verstand seiner Hörer. ...

Das Thema der Sozialethik ist die rechte und vernünftige Gestaltung unserer politischen und gesellschaftlichen Ordnungen. Das wurde erst nach der Nazizeit als Aufgabe der Kirche begriffen. Auch heute noch verwechseln Kirchenleute oft politisches und soziales Engagement mit parteilicher Darstellung der Wahrheit. Der Glaube der Christen ist weitgehend eingeschrumpft auf Ich-bezogene Wahrheiten. Diese haben an ihrem Ort auch ihr Recht. Aber sie dürfen keine Entschuldigung sein für die Vernachlässigung gesellschaftlicher Verantwortung. Beides ist unlösbar miteinander verbunden.

Eine der ernsthaftesten Krisen heute ist unsere Sprachlosigkeit in Glaubensfragen. Sie bedrängt alle nachdenklichen Christen in besonderer Weise. Seit einer Generation beschäftigen wir uns mit dem Stichwort „Gemeindeaufbau". Die Sprachlosigkeit scheint vergessen. Gewiss ist Gemeindeaufbau auch ein wichtiges Thema, nicht nur weil wenig Kinder geboren werden, die in die Kirche hineinwachsen könnten. Aber beim Thema „Gemeindeaufbau" geht es mehr um die Sicherung des kirchlichen Bestandes als um eine neue Sprache der Christen in den sozialethischen Problemen der Gegenwart. Dieses Elend unserer Sprachlosigkeit und damit auch unserer Glaubensarmut müssen wir tragen. Als Hoffnungsleute Gottes müssen wir uns diesem Elend stellen seit ER es Ostern hat werden lassen. Weil wir hoffen dürfen, gestehen wir, dass wir in Glaubensfragen in einer dürftigen Zeit leben.

Darf ich an den alten Simeon erinnern, der im Tempel das Jesuskind auf den Arm nahm, auf den er und viele in Israel lange Generationen gewartet hatten. Der lobte Gott mit den Worten:

„Herr, nun lässest Du Deinen Diener in Frieden fahren,

wie Du gesagt hast

denn meine Augen haben Deinen Heiland gesehen,

den Du bereitet hast vor allen Völkern,

ein Licht zu erleuchten die Heiden

und zum Preis Deines Volkes Israel" (Lk 2, 25-32)

Simeon sah das Heil und Wohl aller Völker in diesem Kind erfüllt. Das ist mehr als nur das eigene Seelenheil! Die ganze Welt gehört Gott. „Am Anfang schuf Gott Himmel und Erde" so beginnt die Bibel und endet mit der Offenbarung, dass „Gott abwischen wird alle Tränen" (Offb 21,4).

Nicht nur im politischen Denken, auch in der christlichen Sozialethik hat sich seit 1945 Einiges geändert. An drei wichtigen Bereichen, in denen die evangelische Christenheit in Deutschland die krisenhafte Zeit des Kirchenkampfes als neue Chance begriffen hat, möchte ich dies im Folgenden nachzeichnen: 1. das Verständnis der Juden als Volk Gottes, 2. die Verantwortung von Christen als Staatsbürger und 3. die Frage des geistlichen Amtes für Frauen. Ich betone dabei, dass es mir nicht um Vollständigkeit geht, nur um Beispiele.

1. Die Judenfrage

In der Nähe meiner Schule in Heilbronn hing in der Nazizeit ein Schaukasten. Dort war jeweils „Der Stürmer" zu lesen, die Judenhetzschrift der Nazi. Hier las ich, was Martin Luther über die Juden geschrieben hatte und war tief entsetzt. Für meine Eltern waren Juden doch Gottes eigenes Volk und hoch geehrt.

Als im Oktober 1945 das Stuttgarter Schuldbekenntnis bekannt wurde, stand befremdlicher Weise nichts von Verbrechen gegen die Juden drin. Dabei hatten sich zwei Mitglieder des Rates der EKD, der dieses Schuldbekenntnis herausgeben hatte, schon zu Beginn des NS-Regime gegen die Judenhetze gewandt. Es waren dies Dr. Hanns Lilje und Pastor Niemöller als Mitglieder der sogenannte „reformatorischen Bewegung". Diese schrieb im Mai 1933: „Wir bekennen uns zu dem Glauben an den Heiligen Geist und lehnen deshalb grundsätzlich die Ausschließung von Nichtariern aus der Kirche ab".

Dietrich Bonhoeffer mahnte schon im April 1933: „Wo Juden und Deutsche zusammen unter dem Worte Gottes stehen, ist Kirche; hier bewährt sich, ob Kirche noch Kirche ist."

Das erste kirchliche Schuldbekenntnis nach dem Krieg zur Ausrottung der Juden formulierte die „Kirchlich theologische Sozietät" in Württemberg am 9.April 1946. Sie bekannte u.a. „Wir sind mutlos und tatenlos zurückgewichen, als die Glieder des Volkes Israel unter uns entehrt, beraubt, gepeinigt und getötet worden sind." ...

Aber warum hat die Pfarrerschaft in der Mehrzahl nicht schon 1933/34 offener und deutlicher gegen die damaligen Misshandlungen der Juden protestiert? Ein schmerzliches Beispiel: Der hannoversche Landesbischof Marahrens, ein überaus fleißiger Seelsorger seiner Pastorenschaft, kam als Redner zum Hermannsburger Missionsfest bald nach dem Krieg. Hier wohnte der hannoversche Pastor und Jude Gurland, den er unter staatlichem Druck aus dem Dienst entlassen hatte. Die Hermannsburger Mission hatte dem Entlassenen Arbeit gegeben. Der Landesbischof nahm die Gelegenheit nicht wahr, mit Gurland zu sprechen oder ihn zu grüßen. Als dieser sich im Landeskirchenamt wieder um eine Pfarrstelle bewerben wollte, wurde er vom Personaldezernenten herablassend und unwürdig behandelt. Das brach ihm das Herz. Er hat in Hermannsburg noch viel für eine evangelische Akademie getan und die freie Pfarrstelle versorgt, starb aber 1948 an gebrochenem Herzen.

Immer wieder fragen wir uns: Warum? Warum hatte die Pfarrerschaft so wenig Bewusstsein für eine biblisch begründete Besonderheit des jüdischen Volkes? Meine Antwort: Sie wurde von ihren theologischen Lehrern darüber nicht belehrt. ...

Die Einzigartigkeit Israels, die Paulus in Römer 9 – 11 uns nachdrücklich vor Augen hält, war seit langer Zeit schon ersetzt durch eine Erwählungslehre der einzelnen Person. Im Calvinismus hatte das z.T. absurde Auswüchse angenommen. Nach meinem Wissen war der erste Theologe in Deutschland, der Römer 9 – 11 als Geschichte der Juden las, der Vater des Pietismus, Philipp Jakob Spener (1635 – 1705). Als Senior der Frankfurter Pfarrerschaft pflegte er Kontakt zu den Frankfurter Juden. Es ist mir kein Theologe nach Spener bekannt, der solche Einsichten aufgenommen oder weiter bedacht hat.

... Was uns mit den Juden verbindet und trennt, ist nicht die Rasse, sondern die Geschichte dieses Volkes, die mit Abraham beginnt. In dieser Geschichte werden auch wir Christen in Jesus Christus eingegliedert. So sind Juden unsere älteren Schwestern und Brüder. Es war also die theologische Ausbildung, die die Pfarrerschaft fehlgeleitet und hilflos gemacht hatte. Allgemeine Menschlichkeit ist für Christen gegenüber Juden zu wenig. ...

Heute ist Judenfeindlichkeit wieder im Vorausmarsch. Sollte da die Ergebnisse zu Römer 9 – 11 nicht vermehrt in den Kirchengemeinden diskutiert werden? Wird die Kirche hier wieder schuldig? Der Hermannsburger Arbeitskreis „Christen und Juden" organisiert jährlich durch Dr. Schack dazu gut besuchte Veranstaltungen. Sie zeigen, dass Interesse vorhanden ist.

Ähnliches gilt für das Verhältnis zum Staat.

2. Das Verhältnis zum Staat

Wenn vom christlichen Glauben in der Massengesellschaft des Industriezeitalters noch etwas zu finden war im deutschen Protestantismus, dann waren es die zehn Gebote, das Vaterunser und das Pauluswort aus Römer 13,1: „Jedermann sei untertan der Obrigkeit, die Gewalt über ihn hat." Widerstand gegen den Staat war Sünde! Bedingungsloser Untertanenverstand war gefordert. Der Staat hat immer Recht! Was war das nach dem 1. Weltkrieg für ein Schrecken, als die Fürsten

abdanken mussten und demokratische Regierungsformen an deren Stelle traten. Die Fürsten waren ja oberste Bischöfe ihrer Landeskirchen gewesen.

Durfte man der neuen Obrigkeit auch untertan sein, denn sie waren ja von Menschen eingerichtet, nicht von „Gottes Gnaden" wie die Fürsten? Kirche und Staat wurden auch noch getrennt. Gerade viele Kirchenchristen waren völlig verunsichert und haben damit beigetragen zum Untergang des Weimarer Staates und so Hitler vorgearbeitet. Mit Hitler war ja der nationale, starke Mann an der Macht, dem man wieder untertan sein konnte.

Ein Beispiel: Bischof Marahrens in Hannover unterschrieb noch kurz vor dem Krieg als einziger Kirchenführer in Deutschland die „Godesberger Erklärung" vom 26. Mai 1939, mit der Reichskirchenminister Kerrl die Landeskirchen unter die NS-Herrschaft zusammen zwingen wollte. Schon am 31.Mai kamen harsche 5 Gegenthesen von der Kirchenführerkonferenz. Selbst sein eigener Stellvertreter in Hannover bezeichnete diesen Tag als dunkelsten in der Geschichte des lutherischen Rates. Auch der lutherische Weltbund protestierte, denn Marahrens war gleichzeitig Vorsitzender des Weltbundes.

Wie konnte so eine Unterschrift zustande kommen? Prof. Dietrich Schmidt sagt dazu: Marahrens war ein „leidenschaftlich national gesinnter Mann, dessen Söhne schon vor 1933 Nationalsozialisten waren; theologisch in der Auffassung der Staatstreue lebend, wie sie das Luthertum des 20. Jahrhunderts als geboten ansah; kirchlich mit großer Sorge um den gangbaren Weg ringend." Er berücksichtigte die damalige Lage der Kirche pünktlich genau, vergaß aber dabei, wie Schmidt sagt, „die nüchterne Prüfung des vorgelegten Textes an der pura doctrina". Die „pura doctrina", d.h. „die reine Lehre" wird gewonnen im pünktlichen Hören auf die Heilige Schrift, sie ist die „norma normans", d.h. der alles entscheidende Maßstab. So hatte sich die Barmer Erklärung von 1934 verstanden (siehe EG 1994, Nr 809).

Darum müssen wir einige Anmerkungen zum Verständnis von Römer 13, 1-7 machen:

a) Der Abschnitt ist Teil eines größeren Zusammenhangs, der mit Römer 12,1 beginnt: Dort werden die Christen aufgefordert, um der Barmherzigkeit Gottes willen ihr Leben Gott zu einem lebendigen Opfer zu bringen. Das sei der vernünftige Gottesdienst. Wer das tut, verfällt nicht dem Zeitgeist. Dann folgen Beispiele. Sie machen klar, dass das Böse nur mit Gutem überwunden wird. Das Ende des Abschnitts ist Römer 13, 11-14. Er fordert von Christen in allen Dingen ein Leben im Licht des kommenden Tages Gottes. Der ist Maßstab des Handelns. Auch das Wort „untertan" will uns hellhörig machen. Es heißt schlicht „sich einordnen". Im Urtext steht das gleiche Wort wie in Epheser 5, 21 von der Ehe. Einordnung hat nichts mit Unterwerfung zu tun, fordert dagegen viel Einfühlung und Eigenverantwortung in Ehe und Staat!

b) Wer Römer 13, 1-7 verstehen will, beginne mit den Versen 8 -10! Hier werden die Verhaltensweisen angeführt, auch für das Übungsfeld „Obrigkeit". Hier ist, wie in 1.Korinther 13,13, die Liebe das Höchste. Sie ist Erfüllung des Gesetzes. Erfüllung staatlicher, vernünftiger Gesetze ist für Christen selbstverständlich, aber doch zu wenig. Liebe ist unerfüllbar mehr. Nach biblischem Zeugnis ist Liebe gewiss auch ein Gefühl, aber zuerst ist sie Tat, eine Tat, die rettet und hilft. „Gott erweist seine Liebe zu uns darin, dass Christus für uns gestorben ist" (Römer 5,9). Das beginnt mit dem Herausrufen Abrahams aus der Heidenwelt und führt im Neuen Testament bis zur Auferstehung von den Toten. Im Blick auf die Obrigkeit ist Liebe die „Überbietung aller einzelnen Gebote", erklärte mein Lehrer

Prof. Otto Michel. Christen schulden dem Staat ihre Zuwendung, damit er Gutes und Vernünftiges tun kann für Staatsbürger.

c) Nach biblischem Zeugnis gibt es keinen „christlichen Staat". Der Staat ist auch nie vom Teufel, sondern schlicht „Übungsfeld" für Christen. Der gefangene und unter Nero wohl hingerichtete Paulus hatte keinen Idealstaat vor Augen, als er den Römerbrief schrieb. Die Reformatoren auch nicht. Aber seit der Urchristenheit gibt es Christen, die im Staat den „vernünftigen Gottesdienst" einüben. Wird staatliches Handeln unvernünftig, dann haben sie um des Staates willen – und um der Menschen willen, die in ihm leben – Widerstand zu leisten. Ihr Widerstand ist nicht gegen den Staat gerichtet, sondern gegen den Missbrauch von Macht, die der Staat als „Diener Gottes" auszuüben hat. Der Staat muss auf seine Weise dafür sorgen, dass Menschen und Tiere, ihre Umwelt und die ganze Welt im Sinne des Schöpfungsberichtes „bebaut und bewahrt" werden (1.Mose 2, 14). Vergessen sollten wir nicht, dass Zivilcourage die kleine Münze des Widerstandsrechtes der Christen ist. Das moderne Wort von der Wahlmüdigkeit darf unter Christen nicht aufkommen. Hier trifft uns das Bibelwort. Dahinter können wir nicht zurück. Auch wenn wir nur zu 50% einem Parteiprogramm zustimmen, wählen müssen wir.

Erlauben Sie mir nun, auf das dritte angekündigte Beispiel einzugehen: Hat Frauenordination etwas mit der Bibel zu tun? Ist sie Anpassung an die moderne Zeit? Wir werden sehen.

3. Die Frauenordination

Als Beispiel wähle ich Vorgänge in der evangelischen Landeskirche Württemberg, in der ich auch 15 Jahre im Dienst gestanden habe. In Württemberg gaben Erfahrungen des 2. Weltkrieges Anlass zum Umdenken in Sachen Frauenordination. Von der württembergischen Pfarrschaft standen 51% aller Pfarrer im Kriegsdienst. Darum wurde den Vikarinnen der Landeskirche erlaubt, vollen pfarramtlichen Dienst zu tun. Diese Erlaubnis nahm der Oberkirchenrat aber im August 1945 schon wieder zurück. Er ahnte den Gegenwind nicht, der über ihn hereinbrach. Die Dekane und die betroffenen Gemeinden wehrten sich mit aller Kraft gegen diese Verordnung. Die Vikarinnen hätten sich in ihrem Dienst voll bewährt. Stellungnahmen gingen hin und her. In einer Theologinnenordnung von 1949 stellt der Evangelische Oberkirchenrat fest: „Das geordnete öffentliche Predigtamt, das als solches die Leitung der Gemeinde in sich einschließt, ist Aufgabe des Mannes." Aber viele – vor allem die Frauen – ließen nicht locker. Die Landessynode war zur Entscheidung aufgerufen. Sie beauftragte den Sachkenner Prof. Friedrich Lang aus Tübingen mit einer umfassenden Untersuchung zu dem Thema: „Der Dienst der Frau in der Gemeinde nach dem Zeugnis der Bibel". Am 13. November 1968 hielt Prof. Lang den Vortrag vor der Synode. Er wollte die Grundintention des Christuszeugnisses auch in veränderter Lage und unter Berücksichtigung neuer Gegebenheiten zur Geltung bringen. Bereits zwei Tage später beschloss die Synode, dass Theologinnen als Pfarrerinnen ordiniert werden können. Das war fast ein viertel Jahrhundert nach Beginn der Diskussion. Alle Kritiken, dass Jesus nur Männer zu Aposteln berufen hätte, bis zur Befürchtung, sich von der Ökumene abzukoppeln und viele andere, mussten schweigen. Das Zeugnis der Bibel blieb alleiniger Maßstab. Das war auch eine wichtige Entscheidung über die Gültigkeit der Heiligen Schrift in der Kirche. ...

Die biblische Argumentation

Das Alte Testament ist im Kreis des Vorderen Orients entstanden. Das prägte auch in Israel das Familienrecht. Die Frau stand unter der Gewalt des Vaters oder des Bruders, mit der Verheiratung war sie rechtlich dem Mann ausgeliefert. Söhne zu gebären sicherte ihre Stellung in der Familie des Mannes. In Israel kam es schon früh zur Ausbildung einer elterlichen Autorität. Beispiel: Nicht allein der Vater war zu ehren, sondern Vater und Mutter oder auch Mutter und Vater. Die Frau konnte sich im Hause und im gottesdienstlichen Leben frei bewegen. Frauen konnten auch als Prophetinnen wirken wie Mirjam, Debora oder Hulda. Propheten wie Amos und Jesaja sprachen Frauen auf ihre persönliche Verantwortung vor Gott an. Sakrale Prostitution der Frauen war nach israelischem Gottesverständnis undenkbar. Von Ägypten über Athen bis Babylon war sie selbstverständlich.

Besonders wichtig im Hinblick auf die Stellung der Frau sind die beiden Schöpfungsgeschichten am Anfang der Bibel. Trotz patriarchalischer Rechtsordnung sind in diesen theologischen Zeugnissen neue Töne zu hören. Es gibt vor Gott keinen Unterschied des Ranges und der Würde von Mann und Frau. Der sprachliche Gleichklang von Mann und Frau in der hebräischen Sprache (isch und ischa) zeigt die wesensgleiche Ich-Du-Beziehung an. Der volle Begriff des Menschen ist nicht der Mann allein, sondern sind Mann und Frau zusammen. Nur gemeinsam sind sie das Hoheitszeichen Gottes auf Erden. Erst eine viel spätere rabbinische Auslegung gibt dem Mann als dem zuerst Erschaffenen eine Priorität. Auch in der Sündenfallgeschichte, in der das Wort Sünde nicht vorkommt, liegt die Betonung auf dem gemeinsamen Schuldig-Werden. Das hält Paulus noch in Römer 5,12 fest: „Durch einen Menschen (Mann und Frau) ist die Sünde in die Welt gekommen". Die unterschiedliche Art von Mann und Frau wird zwar ernst genommen, aber es kann schöpfungsgemäß vor Gott kein Unterschied zwischen Mann und Frau deklariert werden. Gemeinsam haben sie den Auftrag, „die Erde zu bebauen und zu bewahren" (1.Mose 2,15).

Diese Vorstellungen änderten sich im Laufe der Jahrhunderte. Zur Zeit Jesu durften z.B. Frauen nur die Vorhöfe des Tempels betreten, wie Heiden auch. Das Anlegen der Gebetszeichen war ihnen verboten, das Studium der Thora ebenso. Das späte Judentum hatte den Frauen die Rolle der Kult- und Rechtsfähigkeit genommen.

Auf dem Hintergrund einer selbstverständlichen Minderbewertung der Frau kann erst der gewaltige Durchbruch zur Freiheit verstanden werden, die die Verkündigung und das Verhalten Jesu für das Leben der Frauen gebracht hat: „Wer den Willen Gottes tut, der ist mein Bruder und meine Schwester" (Markus 3,35). Jesus spricht in aller Öffentlichkeit mit Frauen und bezieht sie in sein Gefolge ein (Lukas 8, 1-3). Bei Heilungen macht er keinen Unterschied zwischen Mann und Frau. Jesus stellte Gehorsam und Liebe über Opferkult, Reinigungsgesetz, Sabbatheiligung, Speisegebote usw.! Besonders eindrücklich ist Jesu Beurteilung der Frau in der Verwerfung der Ehescheidung.

In den Kreis der 12 Apostel ist keine Frau aufgenommen. Warum? Die 12 Apostel müssen als die Vertreter der 12 Stämme Israels verstanden werden. Nur so konnten die Juden erkennen, dass Jesus Anspruch auf Gesamtisrael erhebt. Zeichen wie diese müssen auch als solche erkannt werden! Frauen, die nach jüdischer Auffassung kein Zeugnisrecht hatten, waren die ersten Botinnen der Auferstehung und darum auch Gemeindeleiterinnen (z.B. Römer 16).

In der alten Kirche galt Maria Magdalena als apostola apostolorum, d.h. als die Apostolin der Apostel.

Die Urgemeinde sah sich als Erfüllerin von Joel 3, 1-15! Von Petrus in seiner ersten Predigt nach Pfingsten aufgenommen in Apostelgeschichte 2, 17-21! Alle Glieder der Gemeinde, Männer und Frauen, jung und alt, Knechte und Mägde sind zu Zeugnis und Dienst berufen. Philippus hatte 4 Töchter mit der Gabe der Prophetie (Apostelgeschichte 21,9). Prophetie wendet sich immer an die Öffentlichkeit der Gemeinde.

Der Apostel Paulus hat das Evangelium von der Rechtfertigung der Sünder allein aus Gnade auch im Verständnis von Kirche zur Geltung gebracht (Römer 12, 1.Korinther 12). Alle Glieder haben den Geist Christi (Römer 8)! „Ihr alle, die ihr auf Christus getauft seid, habt Christus angezogen. Hier ist nicht Jude noch Grieche, hier ist nicht Sklave noch Freier, hier ist nicht Mann noch Frau, denn ihr seid allesamt einer in Christus Jesus" (Galater 3, 27f).

Von hier aus ist auch im 1. Korintherbrief die Anweisung für das Verhalten der Frau im Gottesdienst zu verstehen. In 1.Korinther 11 ist das Beten und Prophezeien von Frauen im Gottesdienst für Paulus selbstverständlich. Strittig ist nur die Frage der Schicklichkeit. Nach jüdischer Sitte sollte die Frau ein Kopftuch tragen. Aber eine Sitte ist kein göttliches Gebot. In 1. Korinther 12 – 14 geht es um die Geistesgaben im Gottesdienst mit der Mahnung, den besseren Weg zu betreten, nämlich in allem Liebe zu üben. Sie ist das Größte (1.Korinther 13,12). Aber die Geistesgaben und nicht die Liebe standen in Korinth in höchstem Ansehen. Von daher ist das Schweigegebot in 1.Korinther 14,35 zu verstehen. Vom Text her bleibt ungeklärt, ob es sich nur um ein störendes Dazwischenreden oder um geistgewirkte Prophezeien handelt. Auf jeden Fall wird von der Selbstverständlichkeit von 1.Korinther 11 nichts zurück genommen.

In der Zeit nach Paulus setzen sich jüdische und heidnische Gebräuche in der urchristlichen Gemeinde wieder stärker durch. Schwere Glaubenskämpfe sind meist das auslösende Moment. Davon spricht z.B. 1. Timotheus 6, 20f! Von daher ist das klare Lehrverbot für Frauen in 1.Timotheus 2, 11-15 zu verstehen. Aber dass Adam durch eine Verführung Evas in Sünde fiel, widerspricht 1. Mose 3 und Römer 5, 17! Der Satz vom Seligwerden durch Kindergebären ist isoliert betrachtet nicht in Einklang zu bringen mit Jesus oder Paulus.

Die Mahnung zur Unterordnung der Frau in den Haustafeln (Epheser 5, 21- 6, 9; Kolosser 3, 18 – 4, 1; 1. Petrusbrief 2, 18 – 3,7) hat das Verhalten in Familie und Beruf im Blick. In Epheser 5, 21 steht als Überschrift für Mann und Frau: „Seid einander untertan in der Furcht Christi". Der Mann ist auch hier nicht der Erlöser der Frau wie Christus der Erlöser der Kirche ist. Beide werden allein durch die Gnade Gottes im Glauben an Jesus Christus gerechtfertigt.

Hat Paulus auf die damalige Stellung der Frau und die dadurch geprägte Sitte Rücksicht genommen, so kann eine theologisch reflektierte Rücksichtnahme auf die heute veränderte Stellung der Frau in der Gesellschaft nur von einem gesetzlichen Bibelverständnis her abgelehnt werden. Wir haben als Kirche allen Grund Gott dafür zu danken, dass Pfarrerinnen oder Pastorinnen ordiniert werden und in unseren Gemeinden ihren Dienst tun.

Unser Thema stellt uns zwei Fragen. Die erste möchte etwas über Glaubenshilfen gestern und heute wissen. Dazu haben wir Beispiele angeführt. Die zweite Frage richtet sich an uns ganz persönlich: Was geben wir weiter? Gemeint ist: was geben wir in theologisch dürftiger Zeit weiter an Glaubensüberzeugungen, wo doch alle biblischen Begriffen – nach Bonhoeffer – „uns schwer und fern" geworden sind. Als Grund dieser Sprachlosigkeit nannte Bonhoeffer das Fehlverhalten der Kirche in seiner Zeit. Sie war zu oft der Nazi-Ideologie verfallen oder schwieg, wo sie hätte reden sollen. Sie sah nur sich selber und nicht das, „was dem anderen dient" (1.Korinther 10, 24; Philipper 2,4). Sie war nicht Kirche für die Welt, sie war nicht „Salz der Erde" (Matthäus 5, 13) wie Jesus es von seiner Gemeinde erwartet hat.

Nach dem 2. Weltkrieg bis heute haben die Kirchen viel dafür getan, dass sich hier etwas ändern kann. Für das Gespräch zwischen Kirche und Welt wurden Akademien gebaut sowie zahlreiche Gemeindehäuser. Eine Flut von Denkschriften wurde verfasst und kirchliche Entwicklungshilfen ins Leben gerufen. Wir sollten als Kirchen die neue Sprache lernen, in der Fragen der Welt mit der Bibel bedacht werden können. Biblische Begriffe sollten einen neuen Glanz bekommen. Manches ist gelungen, vieles ist noch zu tun in einer komplizierten und globalisierten Welt. Die Arbeit wird nie abgeschlossen sein bis zum jüngsten Tag.

In der modernen Welt werden wir ständig aufgefordert uns gesund zu ernähren. Das gilt aber auch für unseren Glauben, wenn wir eine neue Sprache einüben wollen.

Ich empfehle zur geistlichen Gesundheit ein Lebensmittel, ein Heilmittel und lebensnotwendige Stoffe, nämlich Kopfsalat, Augensalbe und Vitamine. Sie wollen aber alle kräftig mit Gebet gewürzt sein:

1. Kopfsalat

   Der Kopfsalat ist die einzig mir bekannte Frucht, die das Herz mitten im Kopf hat. Man muss die großen Blätter sorgsam entfernen, bis man zum Herzen vorstößt. Das ist mit der Bibel nicht anders. Man muss die Texte auf ihr Werden und die Absicht des Schreibers sorgfältig aufblättern, bis man zum Herzen ihrer Botschaft durchstößt. Im Heimchen Weihnachten 1960 steht dazu ein Bericht, wie Sie es damals empfunden haben. Der Schlusssatz heißt: „Die Unbegreiflichkeit der Erscheinung Christi in der Welt wird uns dort aufgetan, wo wir anfangen zu staunen, dass es geschehen ist." Der Kopfsalat will uns staunen lassen über das Herz der biblischen Botschaft, die zu unseren Herzen sprechen und Herzenssache werden will.

2. Augensalbe

   Augensalbe ist ein biblisches Heilmittel. In Offenbarung 3, 18 wird er Gemeinde in Laodizäa empfohlen mit Augensalbe die Augen zu salben, damit sie sehen kann. Die Laodizäer täuschten sich über ihre wahre Lage weg. Auch wir müssen die Welt so sehen wie sie ist. Jeder an seinem Platz und so weit er kann. Gott liebt diese Welt doch (Johannes 3,16) und hört das ängstliche Harren der Kreatur (Römer

8, 19). Ohne viele Wunder erlebt zu haben, säße niemand von uns hier. Aber auch von unbeantwortbaren Schrecken haben wir gehört oder sie gesehen. Auch Jesus hat am Kreuz gerufen: „Mein Gott, mein Gott, warum hast Du mich verlassen?" (Matthäus 27,49). Darum kann er in unseren schweren Rätseln mitleiden. Wir dürfen auch nicht wegsehen. Wer wegsehen will, braucht die Augensalbe der Gemeinde in Laodizäa. Die Wirklichkeit dieser Welt müssen wir entweder verbessern, oder wo das nicht möglich ist, sie aushalten. Aushalten können wir nur, wenn wir festhalten: Es wird regiert.

3. Vitamine

Vitamine sind lebensnotwendige Stoffe, die für den Stoffwechsel im Körper verantwortlich sind, dort aber nicht produziert werden und darum zugeführt werden müssen. So ist es auch mit dem Leben für Glaubende. Uns muss zugeführt werden, was wir nicht von selber haben oder produzieren können. In unseren Zeiten ist es besonders das Vitamin Hoffnung. Haben wir keine, dann vertrocknen wir. „Hoffen wir aber allein in diesem Leben auf Christus, so sind wir die elendesten unter allen Menschen" (1.Korinther 15, 29) bezeugt uns Paulus. Wir brauchen natürlich auch noch andere Vitamine: „Liebe, Freude, Friede, Geduld, Freundlichkeit, Güte, Treue, Sanftmut, Keuschheit"[(Galater 5, 22f.) weiß derselbe Mann. Aber wie gesagt, Hoffnungslosigkeit ist eine besondere Mangelerscheinung unserer Zeit. Christliche Hoffnung ohne Hoffnung auf ewiges Leben ist undenkbar. Im Alltag werden wir erkannt als die Hoffnungsleute Gottes. Die letzten Worte Bonhoeffers vor seinem gewaltsamen Tod waren: „Das ist das Ende, für mich der Beginn des Lebens". Diese Hoffnung gab ihm allein die Bibel!

Bis zu Ende leben wir getrost und üben neue, vertiefte Bibellese, Beten und Tun des Gerechten.

Johannes Hasselhorn 10.8.2021

8.5 Johannes Hasselhorn zum 80. Jahrestag seiner Konfirmation, 16. Juni 2019

Wir Jubilare waren auch einmal Konfirmanden. Wir waren nicht besser als die Heutigen. Wir waren aber auch nicht schlechter, aber doch etwas anders. Wir hatten noch kein Handy im Gottesdienst. Dafür mussten wir aber noch manche Stücke des Katechismus auswendig lernen. Es sollte so etwas wie eine „eiserne Ration für das Leben" sein, gewissermaßen eine Kraftquelle, um zukünftige Dinge bestehen zu können. Bei meiner Konfirmation vor 80 Jahren dachten wir an die Bewährung unseres Christenglaubens gegenüber dem Nationalsozialismus. Wenige Monate später aber waren wir schon im 2. Weltkrieg. Drei Jahre später hatten wir Jungs die Sorge, nicht mehr rechtzeitig Soldat zu werden, um mit zum Sieg zu helfen. Wieder drei Jahre später lebte fast die Hälfte von uns 100 Konfirmanden in unserem Heilbronner Stadtbezirk nicht mehr. Viele Mädchen waren in den Kellern zu Asche verbrannt, wie meine Tante auch. Die Jungs starben irgendwo in Europa in Drecklöchern, genannt „vorderste Front", wie mein Bruder auch. Sie fielen vom Himmel oder lagen auf dem Meeresgrund, wie meine 63 Kameraden, die mit mir bei Tag und Nacht so manches Gefecht überstanden hatten, oder wir lagen in einem Feldlazarett verwundet, wie ich selber auch. Das war unser Einstieg ins Leben, auf das wir uns im Frühjahr 1939 so sehr gefreut hatten.

Auch die späteren Konfirmanden lernten, dass der Alltag kein Zuckerschlecken ist. Das Leben hat nicht nur Höhen, tiefe Täler gehören auch dazu. Schon Kinder können davon erzählen, nicht nur traumatisierte Flüchtlingskinder.

Wenn wir damals und heute gefragt werden: „Wo ist nun Gott in all dem unbegreiflichen Wirrwarr der Welt?", dann zeigen wir auf die Kraftquelle, die der Katechismus uns gelehrt hat, und antworten: „Dort auf Heu und auf Stroh in der Futterkrippe eines Stalls von Bethlehem." Dann zeigen wir auf das Kreuz: „Der dort Geschändete und am Kreuz Hängende ist unser Gott!" Dann zeigen wir auf das offene Grab: „Er ist wahrhaftig auferstanden, um im Leben und Sterben um und mit uns zu sein." Martin Luther lehrte einst: „Auf diesen Menschen sollst du zeigen und sprechen: Das ist Gott."

Was steht heute vor der jungen Generation? Ich lernte einmal einen Professor für Atomwissenschaft kennen, einen fröhlichen, frommen Christen. Nach einem Gespräch über sein Fachgebiet sagte er: „Bedenken Sie, dass es heute keine Neuerfindung mehr geben kann, die nur eine Seite hat. Dem Verbraucher zeigt man nur die Schokoladenseite!" Er hatte Recht!

Wenn heute schon Schüler auf der Straße demonstrieren, weil sie schlimme Folgen der modernen Entwicklung mit Recht befürchten, dann muss endlich Schluss sein mit den Schokoladenseiten. Dann müssen auch die Schattenseiten auf den Tisch. Wir dürfen nicht mehr alles machen, was wir könnten. Die junge Generation muss ja die Schattenseiten abarbeiten, wenn sie will, dass der Erdball nicht zu einem toten Stern wird. So hart müssen wir das sehen.

Die junge Generation hat eine unfassbar große Aufgabe vor sich, die sie nur bewältigen kann, indem sie hart lernt in Schulen, Berufsausbildung, Universitäten, in Beruf und Praxis. Kein Bauer und kein Handwerker kann heute so weiter arbeiten wie die Vorfahren. Leben erhalten für die Zukunft unserer Erde ist weitaus schwerer als Zum-Krieg-Führen zu erziehen.

Aber der Gott, der von Ewigkeit her die Welt in seinen Händen hält, der lebt auch in der neuen, hochmodernen Zeit. Er bleibt der eine, als der Vater, der Sohn und der Heilige Geist.

Seine Liebe zu dieser Welt bleibt unauslöschbar. Ihn dürfen Junge mit den Alten lieben und loben ein Leben lang. Das ist die Kraftquelle, um die Zukunft bestehen zu können.

Elisabeth und Johannes Hasselhorn

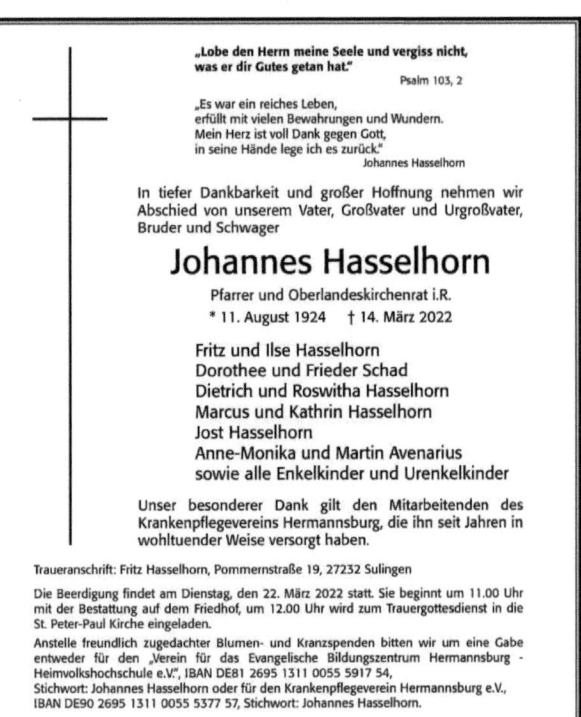

Traueranzeige der Familie